JEAN-PAUL BELIN

L'Apostolat d'un Malade

Louis PEYROT et l'Union Catholique de Malades

ÉDITIONS SPES
17, Rue Soufflot, PARIS (Ve)

1930

L'Apostolat d'un Malade

JEAN-PAUL BELIN

L'Apostolat d'un Malade

Louis PEYROT et l'Union Catholique de Malades

ÉDITIONS SPES
17, Rue Soufflot, PARIS (Ve)

1930

Tu nous pardonneras, Louis, de livrer au public des pages que ton humilité eût voulu garder secrètes.

Qu'elles soient comme un prolongement de ta vie féconde et nous soulèvent dans l'amour du Dieu que tu servis avec une générosité courageuse, et qui est maintenant ta joie.

CHAPITRE PREMIER

Les années d'enfance et d'études

Deux idées ou plutôt deux passions ont rempli toute la vie de Louis Peyrot, lui ont donné une beauté morale, une élévation, une unité d'un prix infini. Dès sa première jeunesse il eut l'amour du peuple, qu'il ne renia jamais ; et d'autre part plus l'épreuve de la vie le toucha et le priva des joies terrestres, plus il pénétra dans ce sens du surnaturel qui lui donna les consolations suprêmes et qui rendit sa vie de malade plus active et plus féconde que celles de la plupart des hommes.

Il fut toujours parfaitement simple et sincère avec lui-même et avec les autres, et, cherchant avec ardeur la vérité, il travaillait en toute franchise à y conformer sa vie, s'éloignant instinctivement de ceux dont il désapprouvait les idées ou la conduite, mais offrant sa sympathie et son aide à tous ceux qui souffrent ou qui cherchent.

Fils du docteur Peyrot, médecin traitant à Néris-les-Bains, il naquit dans cette petite ville d'eaux du Bourbonnais le 11 janvier 1888. Il resta toujours profondément attaché à sa province ; cependant il la quitta d'assez bonne heure pour entrer en classe à Paris au collège Stanislas d'abord, puis à l'École Bossuet, d'où il suivait les cours du lycée Louis-le-Grand,

Dès ses années de collège son désir très ardent d'apprendre et de travailler était toujours accompagné de soucis moraux et de préoccupations sociales. « Il me semble, écrivait-il en 1903, que la conduite à suivre en cette vie consiste à étudier profondément l'ombre de l'Infini qui plane sur nous, à la deviner autant qu'il est possible, puis à conformer notre vie à cet idéal entrevu. » Et à la fin de cette année, faisant lui-même le bilan de ses progrès moraux, il reconnaissait qu'il avait atteint deux grands résultats : sa croyance religieuse était établie sur des bases solides et ses réflexions lui faisaient approuver « cet intérêt extrême qui le portait vers les humbles ».

Il avait en effet beaucoup réfléchi, et avec une étonnante maturité d'esprit, aux problèmes religieux et moraux et le besoin absolu qu'il avait en lui de trouver une explication de l'au delà et une conception morale de la vie le poussait à donner son adhésion complète et réfléchie à la foi catholique. La métaphysique lui paraissait « une symphonie en gris majeur ». Mais il vivait ses idées philosophiques et religieuses avec une tout autre intensité ; comparant l'âme entre les deux infinis à une sphère placée dans un cône et également incapable de pénétrer jusqu'à sa pointe ou de remonter à sa base,

il acceptait ces ignorances irrémédiables et sans chercher davantage à subtiliser, il allait tout de suite droit aux questions essentielles.

Il lui semblait que les problèmes religieux étaient surtout des problèmes moraux et il les envisageait le plus volontiers sous leur aspect social. Il était naturellement porté vers les classes populaires, vers tous ceux qui peinent et qui souffrent ; il avait un ardent désir de leur venir en aide. Il n'avait pas seulement des idées vaguement humanitaires, comme en ont souvent par un esprit de contradiction naturel, mais parfois un peu naïf, les fils de bourgeois ; il éprouvait réellement un impérieux besoin de se rapprocher des faibles, non pas pour étudier curieusement leur cas ou pour leur proposer des remèdes à leurs misères, mais parce qu'il souffrait lui-même directement de leur abandon, parce qu'il se sentait réellement leur frère, parce qu'il pensait qu'il n'y avait aucune différence entre un bourgeois et un homme du peuple, parce qu'il les estimait, les admirait et voulait leur exprimer cette estime et cette admiration.

Deux ans avant sa mort il expliquait ainsi la nature de ce sentiment qui le rapprochait du peuple :

« C'est vrai, écrivait-il à son ami R., j'aime profondément tous ceux qui sont pauvres. Je me plais mieux dans leur société que dans le monde. Mais ce n'est pas là de la condescendance. Où prendrais-je le droit d'être condescendant à l'égard de quelqu'un ? Ce n'est pas même par devoir chrétien, non, je n'ai pas du tout ce mérite. C'est sans doute par un goût hérité de mes aïeux qui étaient des gens du peuple. Ah ! mon cher ami, je vous assure que je ne suis pas fier d'être bourgeois. C'est un titre et un rang que j'abandonnerai bien volontiers, si jamais le Bon Dieu le veut. »

Parfois il échafaudait les théories politiques ou sociales qui séduisent tout cœur jeune et un peu généreux. Il rêvait surtout d'une instruction populaire obligatoire pour tous comme le service militaire, donnée aussi largement aux pauvres qu'aux riches et ne tenant compte que de l'intelligence des enfants. L'inégalité d'instruction le choquait plus que toute autre inégalité sociale : elle lui semblait monstrueuse. Les théories socialistes, collectivistes même le séduisaient par leur principe de justice et d'égalité. Il estimait que c'était un devoir strict des classes cultivées d'instruire celles qui ne l'étaient pas. Mais c'est bien plutôt par une sympathie naturelle pour le peuple et par un contact immédiat avec lui que ses idées sociales se développaient.

Elles prenaient même tant d'importance dans son esprit, il était si choqué des nombreuses injustices de la société moderne, il plaçait son idéal si haut et il le voyait si souvent en contradiction avec les faits que pendant son année de philosophie sa foi fut soumise à un rude assaut. Les idées froides et contradictoires qu'on lui avait enseignées au lycée, les objections multiples qu'elles lui avaient inspirées contre la métaphysique chrétienne, l'indignation qu'il éprouvait au souvenir de certains faits de l'histoire du christianisme l'avaient peu à peu conduit à douter de la vérité d'une religion dont l'élévation morale le séduisait cependant plus que jamais. Avec son souci de sincérité absolue il vit parfaitement clair dans ce désaccord et il en souffrit cruellement, Pendant cette période de désarroi c'est encore dans son amour pour le peuple qu'il chercha les consolations dont il avait besoin.

L'École Bossuet entretenait une « Maison de Famille », où elle recueillait et logeait de jeunes apprentis dont quelques élèves s'occupaient à leurs heures de loisir. Louis Peyrot se donna à cette « Maison de Famille » avec toute la passion dont il était capable quand il s'agissait de se dévouer. Il en fut alors vraiment l'âme ; il y exerça vite une action puissante sur ces jeunes gens ravis de voir un chef aussi affectueux ; il s'y créa de véritables amitiés dont il éprouva autant de joie que de légitime fierté.

Son désir de connaître le peuple était si grand que parfois, pendant le mois où il resta seul à Paris, préparant son baccalauréat, il alla dîner dans un des restaurants populaires du quartier ; vêtu le plus simplement possible, « ni faux-col, ni cravate, maillot de foot-ball et casquette ordinaire, sur l'oreille naturellement », il partait « en sifflant et les mains dans les poches. C'est curieux, disait-il, comme dans ce costume l'on se sent mieux à l'aise dans la rue ». Il cherchait toujours à entrer en conversation avec ses voisins de table. Un soir il alla ainsi au théâtre Montparnasse.

« On donnait le *Chiffonnier de Paris*, dit-il, drame assez insignifiant qui n'a rien de très empoignant. Mais c'était la salle que je considérais. On se sent là chez soi ; on y est venu sans cérémonie, en vêtements de travail. Les femmes sont en cheveux ; les hommes gardent leurs casquettes ; c'est le contraire de ce qui se passe ailleurs. Et puis tout cela est gai, d'une gaieté franche qu'aucune étiquette ne contraint. »

Il aimait alors cette gaieté populaire plus que toute autre.

Après avoir passé avec succès et sans difficulté son baccalauréat, il alla pendant les vacances en Allemagne. Il y fut frappé de la distance si choquante des classes sociales, du dédain que professent les bourgeois, les *gut angekleidet* pour le peuple, de la grossièreté, de l'aspect sombre et silencieux des ouvriers qui contraste tant avec la gaieté ouverte de chez nous.

En automne 1905, il rentra à Paris pour commencer son P. C. N. La carrière de médecin le séduisait par cette possibilité indéfinie de dévouement qu'il y entrevoyait : il estimait qu'après celle de prêtre c'était la plus belle qu'on pût choisir et, puisque l'obscurcissement momentané de sa foi ne lui permettait pas d'envisager un avenir sacerdotal, il avait accepté sans hésitation d'entrer dans la voie que les succès et le désir de son père lui désignaient.

Cependant son âme était trop ardente et trop sincère pour qu'il restât longtemps dans ce doute qui répugnait tant à sa nature. Il fallait peut-être qu'il connût cette crise pour qu'il comprît pleinement la valeur de la foi qu'il avait un instant perdue, pour qu'il en appréciât toute l'efficacité. C'est par le Sillon qu'il revint au catholicisme. « Je viens de faire un grand pas dans la voie de ma formation intellectuelle, écrit-il au début de novembre. J'ai trouvé cette fois des opinions stables, claires, précises et fécondes. Je connais le Sillon, je suis silloniste. » Il reconnaissait dans les théories du Sillon une partie des idées socialistes qu'il avait aimées, mais qu'il n'avait jamais voulu adopter intégralement ; il y retrouvait surtout cette élévation morale, cette sincérité religieuse qui ne l'avaient jamais complètement abandonné, mais que d'autres idées avaient momentanément voilées. Un dimanche il avait emmené un de ses amis de la Maison de Famille entendre à la salle des Sociétés Savantes le drame de Marc Sangnier : *Par la Mort*. Les idées exposées dans cette pièce l'enthousiasmèrent. « C'était bien aussi ce que je pensais ; il se fit dans mon esprit une lumière subite. C'est à ce moment que je compris ce qu'était le Sillon. »

Le lendemain il allait demander des renseignements à un des jeunes chefs du Sillon qu'il connaissait. En l'écoutant, il s'écriait : « J'en suis », et le soir même il allait au Cercle d'études du 5e arrondissement, rue Cochin.

« Maintenant que le premier élan s'est affaibli, écrivait-il quelques jours plus tard, je ne puis plus peindre ce qu'a été mon enthousiasme pendant quelques jours. Je comprends quels prodiges ont pu accomplir les premiers chrétiens. Ç'a été comme un renouveau qui me transfigurait et me transportait... Je sentais que je croyais au Christ et à son Amour comme jamais je n'ai cru. J'avais trouvé la religion véritable et j'ai en elle la foi qui soulève les montagnes. Nous autres du Sillon, nous transformerons la France, nous la ressusciterons ; nous délivrerons la classe ouvrière de la loi d'airain qui l'opprime. Nous rétablirons la justice détruite au profit des capitalistes. La question sociale, nous la résoudrons par l'Amour. Et puis, si nous n'entrons pas dans la Cité promise, d'autres y entreront, nous l'aurons du moins élevée ; chacun de nous, obscurément, y aura porté sa pierre. Et « Il est doux, comme dit Jean Mascurel dans *Par la mort*, oui il est doux de se donner sans espoir de récompense ! »

Désormais il avait trouvé le sens profond de l'action sociale qu'il rêvait d'exercer. Il éprouva un grand bonheur à sentir ses idées partagées par de nombreux amis aussi ardents et généreux que lui. Il vit que l'affection qui l'attachait à de jeunes ouvriers n'était pas un cas isolé et quel bien en pouvait naître. Comme il continuait à fréquenter les apprentis de la Maison de Famille avec une assiduité de plus en plus grande, il résolut bientôt de tenter d'y constituer un centre silloniste. Malgré les très grandes difficultés de toutes sortes auxquelles il se heurta, il réussit à y organiser des conférences, à intéresser les jeunes ouvriers aux questions sociales, à leur communiquer un peu de cette flamme qui le dévorait. Quelques-uns parmi eux devinrent sillonistes. Il était pleinement heureux de cette communauté d'idées qui les rapprochait de lui, de cette pénétration de leurs esprits et de leurs cœurs, de cette égalité qui s'établissait entre eux et lui. Il éprouvait une vraie joie à les tutoyer et à être tutoyé par eux. Leur amitié devenait en même temps plus affectueuse et plus confiante. Ces jeunes apprentis ressentaient une naturelle fierté à le voir venir à eux avec tant de simplicité, tandis que lui arrivait à entrer dans leur intimité et à gagner leurs cœurs.

Le dimanche, il faisait souvent des promenades à bicyclette avec eux. En mai 1906 il alla ainsi à une journée que le Sillon avait organisée à Port-Royal ; le soir il revint en bicyclette.

« C'était très chic, disait-il... Il y avait du reste, comme tous les soirs de dimanche et de fête, une foule de cyclistes qui revenaient de la campagne avec, eux aussi, des bouquets de genêts ou de lilas. Les autos passaient à quelques mètres les unes des autres, encadrées de bicyclettes ; nous étions tous perdus dans un nuage de poussière, en traversant Ville-d'Avray. Il y a des gens qui ne sentent pas ce qu'il y a de chic là-dedans. Et pourtant, c'est très original : cette foule de capitalistes dans leurs autos qui sont allés reposer leurs soucis à la campagne et cette bande d'ouvriers et d'employés qui se sont payé aussi leur partie de plaisir après le turbin et qui ramènent des fleurs avec eux ; et le tout qui rentre maintenant à toute vitesse, en pleine poussière, dans la grande ville... C'est de l'esthétique parisienne, mais qui vaut bien les autres. »

Cependant l'action sociale qu'il exerçait ne l'empêchait pas de poursuivre avec assiduité ses études. Il s'intéressait passionnément à la médecine, parce qu'il voulait soigner plus tard ceux que la vie sociale actuelle condamne à la maladie. « Je me consacrerai à l'hygiène ouvrière, disait-il, je m'appliquerai à guérir la tuberculose, si Behring n'y arrive avant moi. Je lutterai contre l'alcoolisme, le tabac, contre l'anémie et la phtisie, contre l'égoïsme meurtrier des patrons. Je serai toute ma vie l'ami et le protecteur de ceux qui souffrent. » Et il ébauchait des rêves de vie simple, dans des quartiers populaires ; il se voyait tout occupé à soigner les pauvres, les malheureux ; il voulait se marier jeune, épouser une femme qui partageât toutes ses idées et qui l'aidât dans son œuvre sociale : il n'ambitionnait ni la fortune ni la grande célébrité, il voulait seulement pouvoir se dévouer aux autres.

Il allait aux consultations à l'hôpital et il y voyait des misères vers lesquelles il était naturellement attiré. Un jour il ausculta un jeune coutelier maigre et petit qui se plaignait de maux de tête et d'estomac et qui lui raconta en partie son histoire, histoire triste et banale de l'orphelin qui a choisi de lui-même un métier manuel et qui est resté de longues semaines sans travail, ne mangeant que tous les deux ou trois jours. Il éprouva tout de suite de la sympathie pour cette misère imméritée, il rechercha son malade les jours suivants, sans y pouvoir réussir, dans la rue Mouffetard, où il savait qu'il travaillait. Mais un jour, par hasard, il l'aperçut au fond d'un bistro. Le jeune homme le reconnut et vint aussitôt à lui, en lui témoignant une entière confiance.

« L'histoire devient singulièrement intéressante, disait-il, cette rencontre à l'hôpital, ces recherches qui réussissent contre toute espérance, n'y a-t-il pas là des coïncidences étranges et un encouragement à lier connaissance ? Si je puis lui faire du bien, mon Dieu, aidez-moi à le lui faire. Je voudrais bien que ce fût un nouvel ami pour moi. »

Ainsi partagée entre son action sociale et ses études médicales, cette première année de liberté fut pour lui un enchantement. Ses seules distractions, il les prenait dans les réunions où il avait tant de plaisir à retrouver ses amis du Sillon. Jusqu'à la fin de l'année il fréquenta assidûment la Maison de Famille ; en juin il y faisait sur la tuberculose une conférence qui l'enchantait. Mais les tendances qu'il y avait introduites parurent contraires aux traditions et on lui demanda de suspendre ses conférences. Tout en désapprouvant la manière de voir de ses contradicteurs, il se plia respectueusement à leurs désirs ; mais il resta lié d'amitié avec les meilleurs des apprentis. Il les conduisait parfois à des séances sillonistes où ils faisaient tous fonction de commissaires.

Un soir il alla à Villeneuve-Saint-Georges où Marc Sangnier parlait devant des socialistes. « Nous avons eu assez de force apparente pour tenir les socialistes en respect. » La discussion se prolongea si tard dans la nuit qu'ils ne rentrèrent qu'à 3 heures. « Trop tard pour se coucher. » Il se mit à repasser ses manipulations de chimie, car son examen approchait. « Ce fut une chic soirée, une belle nuit. »

Un autre jour il avait été à une réunion de l'Action Française et il avait pris la parole à la fin de la conférence : il parla de questions sociales ; il se sentait dépaysé devant cet auditoire hostile où personne ne le soutenait. Cependant il était heureux et fier d'exposer ses idées, de réfuter des théories. « Tout de même ce n'est pas un petit début que d'avoir eu pour adversaires Vaugeois et de Montesquiou. »

En juillet il passa avec succès son examen de P. C. N. Mais il était surtout préoccupé alors de la réalisation d'une idée qu'il caressait depuis longtemps. Il y avait bien trois ans qu'il avait conçu le projet de vivre pendant quelque temps comme un homme du peuple, de s'embaucher dans un atelier, de travailler, de souffrir comme un ouvrier. Outre le côté un peu romanesque de l'aventure qui le séduisait, il avait le désir, très légitime en somme, mais qu'il se reprochait à lui-même, de vouloir affirmer ses idées en faisant quelque chose d'extraordinaire, il avait surtout la volonté très réfléchie de « connaître à fond les souffrances et les humiliations du peuple pour les avoir supportées lui-même », de se documenter, d'étudier sur le vif le problème social, d'essayer de « rendre les différences moins aiguës, d'abaisser les seuils qui séparent riches et pauvres ».

Cette idée si généreuse et si courageuse qu'il n'avait jamais pu réaliser jusque-là, il voyait enfin la possibilité de la mettre à exécution. Ayant obtenu l'autorisation de ses parents, dès qu'il eut fini ses examens et avant même d'en savoir le résultat, il se mit en quête d'une place. Il ne trouva pas tout de suite. « Ça vous fait un drôle d'effet de demander du travail, avouait-il, surtout d'être obligé de répondre qu'on ne sait rien faire, c'est humiliant ! »

Cependant après quelques démarches, il fut accepté comme homme de peine dans une maison de mécanique de précision où travaillait un ouvrier qu'il connaissait, et pendant dix jours il connut dans toute sa dureté cette vie qui le fascinait si impérieusement. Il en éprouva une joie parfaite. Arrivant de bonne heure le matin, se pliant à toutes les exigences du patron, du contremaître ou même des ouvriers, il s'appliqua aux besognes les plus humbles et les plus dures, balayant les ateliers et le bureau le matin, soufflant à la forge, serrant l'étau du forgeron, tournant à la machine à estamper, faisant des livraisons en ville avec le crochet ou la voiture à bras dans l'après-midi par les rues brûlantes sous le soleil de juillet, peinant et souffrant, mais heureux de connaître enfin ces peines et ces souffrances. Il éprouvait aussi les joies de l'ouvrier qui touche sa première paye, qui est accueilli avec une familiarité sympathique par tous les gagne-petit. Déjà il s'était lié avec ses camarades, déjà il leur faisait du bien. Plus tard songeant à cette aventure où toute sa sincérité, son courage et sa bonté se peignaient si bien, il en disait :

« Des quelques journées où j'ai vécu la vie d'un homme de peine, je n'ai conservé qu'un regret, c'est qu'elles aient été si brèves et qu'il ne m'ait jamais été permis de les recommencer. Certes je n'ai pas la prétention de donner ma tentative étriquée en exemple. Mais je suis convaincu que les jeunes gens auraient gros à gagner à sortir de leur classe. Il faudrait non seulement, comme on le voulait il y a quinze ans, « aller au peuple », mais pour quelques semaines ou quelques mois se faire « peuple » soi-même.

« Parce que nous sommes chrétiens, nous savons que tous les hommes sont frères et que nous devons les aimer comme tels. Mais il y a une quantité de nos frères que nous ne connaissons pas ou dont nous avons une connaissance erronée. Ils nous ignorent de leur côté, car ils nous voient à travers leur envie comme nous les voyons à travers notre vanité. Et c'est ce qui fait échec au commandement de l'Evangile, c'est là presque toute la cause des luttes sociales. N'est-ce pas à nous de faire les premiers pas vers nos frères du peuple, d'aller les visiter chez eux, non pas en étranger, mais en familier qui est de la maison, avec qui on ne se gêne pas ? »

Après avoir passé les vacances à Néris et à Arcachon, Louis Peyrot partait au service en octobre 1906. Profitant de l'ancienne loi militaire, il s'engageait à dix-huit ans, pour ne faire qu'un an grâce à la dispense du P. C. N.

Il fut incorporé au 121e à Clermont-Ferrand. Il passa d'abord cinq semaines et demie dans une compagnie avec « des camarades un peu frustes, mais presque tous très bons garçons ». Il aimait cette vie en commun, simple et franche ; il avait tout de suite affiché des idées en faisant courageusement sa prière au pied de son lit et il commençait sa propagande silloniste qui lui laissait espérer quelques résultats, quand il fut appelé à l'infirmerie, comme étudiant en médecine. Les supérieurs, les camarades, le service même lui plurent moins. Mais il acceptait tout avec résignation ; il espérait se faire affecter à l'hôpital où il pensait pouvoir travailler plus librement et voir des cas plus intéressants.

Ce n'est pas comme infirmier qu'il y entra, hélas ! mais comme malade. Une grippe, puis une bronchite l'y firent évacuer le 24 janvier ; on l'y soigna assez mal pendant trois semaines, puis on le renvoya à Paris avec un mois de convalescence. Le 2 février il était obligé de se mettre au lit avec une forte congestion pulmonaire. Il resta trois mois couché, atteint déjà par l'implacable maladie qui allait changer complètement le cours de sa vie.

Au printemps il partit pour Néris. Des congés successifs lui permettaient de se soigner. Mais les forces ne lui revenaient pas.

En face de cette longue inaction, il était désemparé. « Je n'avais jamais eu pareille épreuve, écrivait-il en octobre 1907, à son ami B..., et celle-ci m'a trouvé sans courage pour la subir. » Le coup était si brutal en effet et l'atteignait au moment où l'ardeur enthousiaste de sa générosité l'emportait si loin qu'il n'est pas étonnant qu'il fût d'abord abattu. Mais sa foi lui inspira tout de suite le courage que de telles épreuves rendent nécessaire. La souffrance, le sacrifice de toute ambition, de toute pensée personnelle, si elles ne révoltent pas, inspirent aux âmes élevées des sentiments de résignation et de piété plus purs, infiniment plus précieux. Louis Peyrot trouva dans ces pensées la consolation qui permet de tout supporter.

« Cette longue inaction est bien pénible, écrivait-il en juin. Mais puisqu'elle était utile aux desseins que Dieu a sur moi — quoique cela soit mystérieux — il faut l'accepter avec joie. Le plus triste dans une maladie longue comme celle-là, c'est qu'on ne peut plus former de projets qui aient chance de se réaliser, Et il faut avouer que, privé de châteaux en Espagne, l'homme inoccupé se sent bien aplati. Mais il fallait bien apprendre que Dieu seul dispose entre tout ce que l'homme propose et je devais comprendre que l'on ne vit pas pour soi, que l'on ne s'arrange pas une vie, mais que l'on va où Dieu a besoin de nous et qu'on doit se tenir prêt à abandonner l'ouvrage commencé pour un autre, s'il est nécessaire... Et j'ai appris en même temps qu'on ne doit jamais s'exagérer sa propre valeur, se croire indispensable. Dieu n'a pas besoin de nous ; et il a assez de moyens de nous remplacer. »

Après avoir passé l'été à Néris, il vint à Paris consulter les médecins. On lui conseilla d'aller se soigner à Leysin.

CHAPITRE II

Leysin

> « Si le grain de froment tombé en terre ne meurt pas, il demeure seul ; mais s'il meurt, il porte beaucoup de fruit. »
> (Saint JEAN, XII, V. 24.)

Le 21 novembre 1907, Louis Peyrot arrivait à Leysin par un beau soleil.

« LEYSIN ! le sanatorium, la cure d'air, écrit-il quelques jours plus tard. Je vis un peu dans un rêve. Il me semble que je suis sorti de la vie un instant pour me guérir, et puis que dans quelques mois je rentrerai. Il faut faire une cure morale, se reprendre, recommencer à vouloir aimer le Christ, mais mieux, plus profondément, plus intensément et plus intimement. »

« Au rebours de l'opinion commune, dit un de ses amis, on n'y voit pas (au sanatorium) de désespoir déprimant ; au contraire, on serait plutôt frivole. Le sana est un milieu gai, optimiste, qui blague crânement de la maladie ; les vieux malades en parlent avec ironie, parfois cynisme, mais rien qui ressemble au désespoir. C'est la vie d'hôtel où, en dehors des heures de repos à la galerie, on se retrouve aux repas, au salon après dîner, sur la terrasse en se promenant, à la bibliothèque pour échanger des livres. Parfois on prend le thé chez l'un, chez l'autre avec quelques compagnons. Comme on est nombreux on se groupe vite d'après ses sympathies, et de solides amitiés naissent de cette connaissance intime que l'on a l'un de l'autre dans cette vie commune de tous les instants. Vie plus intime encore que celle du collège, et amitiés plus solides aussi, je crois. »

Quelques anciens élèves de Stanislas avec lesquels il peut remuer de vieux souvenirs, un étudiant connu au P. C. N., aidèrent Peyrot à s'acclimater ; et l'assurance, confirmée par le médecin du sana, qu'il recouvrerait la santé après quelques mois de montagne et pourrait reprendre sa chère vie active, la confiance de malades plus atteints que lui, lui rendirent courage. « Il est vrai, ajoute-t-il, qu'on voit aussi à Leysin des hommes qui se sont déjà soignés il y a dix ans, qui se sont crus guéris, et qui sont obligés de revenir maintenant plus malades que jamais. Enfin, à la grâce de Dieu ! »

Son regard clair, sa poignée de main franche lui gagnèrent vite de nombreuses sympathies ; sympathie d'un groupe de jeunes gens bruyants (l'ergastule), plus disposés à jouir de leur vie menacée que de s'astreindre à un repos dont ils raillent l'efficacité ; sympathie d'un groupe de jeunes gens et de jeunes filles, tout autre celui-là, qui se forme autour du docteur A. D., aimable malade dont ni l'âge ni la maladie n'ont diminué l'entrain. Louis, naturellement gai, s'amusait de tout son cœur à ces réunions ; et sa gaîté, se faisant charitable, attirait les mélancoliques dans ce cercle joyeux, les déridait par d'aimables taquineries, leur rendant l'espoir et la volonté de guérir, si nécessaires à une amélioration physique.

Il espère n'être là qu'en passant et se passionne pour les sports d'hiver, nouveaux pour lui ; vertigineuses courses de bobs aux chutes impressionnantes, mêlées effroyables de matches de hockeys lorsque deux camps se ruent à la suite du palet en sens contraire ; concours de skis, bobs fleuris, etc. ; les attributions de prix donnent lieu naturellement à des intrigues, gros événements pour les oisifs. En simple spectateur il s'en amuse, étudie curieusement ce monde si dissemblable de celui où il vécut. A lui on ne permet que quelques descentes en luge « avec de nombreuses chutes, surtout au commencement quand on ne sait pas, mais dans la neige on tombe mollement et on rit comme des fous ».

Ce qu'il aime surtout, ce sont les promenades en montagne, dans les limites permises toutefois, car il veut guérir cette année. Avec les plus valides, il descend au village déguster chez de bons Vaudois les crus fameux des bords du lac, ou goûter de l'asti chez des carriers italiens sur le chemin de Profondaz[1]. Excursions joyeuses qu'on rimera

1. *Impressions d'un Français chez les Vaudois.*

sur les airs à la mode. Mais le plus souvent il suit des chemins de montagne avec ses compagnons en discutant. Chez Peyrot c'était un besoin de faire connaître et aimer cette vérité qu'une acquisition douloureuse lui rendait plus chère. Or, les jeunes gens qui composaient la société du Grand-Hôtel n'étaient guère entraînés à la discussion ; ils badinaient, ou s'emportaient devant la hardiesse des conceptions sociales de Louis. Le « tribun », comme on l'appelait par taquinerie, défendait ses idées avec l'intransigeance de ses vingt ans. Il eût voulu convaincre ses interlocuteurs et s'irritait intérieurement de leur « esprit bourgeois ». Mais il faut ajouter que, dans les débats les plus acharnés, cette courtoisie ne l'abandonnait pas, qui lui valut toujours l'estime, souvent l'amitié de ses antagonistes. A table aussi, ce sont souvent les questions religieuses qu'on aborde.

« Le Dr A. est revenu à notre table et a demandé à se trouver entre Mlle D. et moi. Ce voisinage nouveau promet d'être intéressant, car, dès aujourd'hui, nous avons eu une discussion philosophique et religieuse. Or, Mlle D. est libre penseuse, C. protestant, le Dr A. théosophe et moi catholique. Le concert est original... L. qui croit aussi à la théosophie m'a proposé des bouquins. En attendant, il ne connaît même pas l'Evangile et je le lui ai passé pour qu'il s'en pénètre. Je ne croyais, certes, pas trouver à Leysin de pareils sujets de discussion. »

Cependant, garder une humeur égale à fréquenter des compagnons de goûts, de sentiments si différents n'allait pas sans lutte. Huit jours seulement lui ont suffi pour apprécier le milieu dans lequel il est transplanté, prévoir la tentation de se tenir à l'écart de certains écervelés, et ce que cette attitude aurait d'anti-chrétien.

« 28 *novembre*. 1907. — Faire du bien à quelqu'un de sympathique, qu'on aime, qui vous aime, c'est fort bien évidemment. Mais où est le mérite ? Ou du moins quel grand mérite y a-t-il à cela ? Certes, lorsque le bien à faire se présente sous une forme agréable, ce n'est pas une raison pour le négliger. Mais combien ne vaut-on pas mieux lorsqu'on fait le bien à tous ceux qui vous entourent, sans choisir, sans distinguer, n'écoutant que la voix du devoir ? Rendre le bien pour la mal, c'est beau. Mais enfin, il y a le geste, il y a le panache, la grandeur qui s'attache à cet acte et qui facilite la tâche. Mais faire le bien à quelqu'un qui, sans vous avoir nui, vous répugne, sue l'antipathie par tous les pores, étouffer son aversion, faire taire ses dégoûts, voilà une véritable victoire digne d'un chrétien ! Considérer comme son frère un misérable, un ouvrier, un humble, faire son ami d'un monteur, d'un électricien, d'un domestique, d'un valet de ferme, oh ! très bien, c'est chevaleresque, c'est du roman, et la compagnie de Don Quichotte n'est pas à dédaigner. Mais considérer comme son frère un jeune gommeux, reluisant, étincelant, fat et vide de cervelle, aller à lui, et généreusement ouvrir son âme, toute son âme, à cet être méprisable, le traiter en ami, *l'aimer*, ça c'est encore mieux, et là est le mérite. »

Il comprend davantage chaque jour que mieux que nos efforts intellectuels, plus que nos démonstrations, l'exemple d'une vie droite et pure fraye la route à Dieu ; et il conforme avec une loyale et mâle fierté sa vie à ses croyances.

Si paradoxal que cela paraisse, il est très occupé. Les heures de cure qui coupent la journée en tranches régulières, sa vie réglée à cinq minutes près, lui donnent l'illusion — car c'en est une en somme, hélas ! — qu'il mène une vie active. Avec un étudiant, il bouquine des livres de médecine ; pour ses heures de chaise-longue, la bibliothèque, bien munie, lui fournit des livres sociaux, les nouveautés du jour. Une volumineuse correspondance avec les amis laissés en France le relie à la vie normale.

Peu avant son départ de Néris, il avait fondé un petit cercle d'études, dont naturellement il reste l'âme ; il le couve de loin, indique les sujets à étudier ; visite, entre autres, de la fromagerie communale de Leysin ; son fonctionnement intéressera les membres du cercle, et il est bon d'imiter l'étranger en ce qu'il a de meilleur.

Cependant, cela ne remplace pas les bonnes causeries entre sillonistes, d'où l'on sort retrempé, avec des résolutions viriles ; les jours gris réveillent la nostalgie de ces entretiens et il demande dans l'*Eveil démocratique* si les bacilles n'ont pas chassé des camarades à la montagne. Trois sillonistes répondent à son appel. Ces jeunes gens qu'il ne connaissait pas la veille, c'étaient des ouvriers de la même cause, poursuivant par les mêmes moyens le même idéal. Se sentir soutenu fraternellement, se savoir compris, pouvoir s'abandonner sans arrière-pensée, exposer ses idées généreuses sans crainte d'être raillé : c'était tout cela la rencontre de trois sillonistes. Il n'était plus seul. Sous la direction d'un prêtre, le petit cercle se réunit chaque semaine ; de nouvelles recrues se joignent au premier noyau. On suit avec intérêt, un peu d'envie, les gestes des camarades en France ; on s'épaule pour marcher mieux sous le faix de la maladie ; on prend un bain de gai courage ; sur ce sol étranger, il faut être meilleur Français, chrétien plus fervent et plus instruit, comme des enseignes dans cette station protestante et incroyante.

Cependant l'altitude lui faisant perdre un peu de poids, Peyrot, docile aux conseils du bon Dr Exchaquet, se repose davantage. Mi-plaisant, mi-sérieux, il raconte à ses parents comment il se distrait en composant un drame

« Le matin, comme je reste au lit très tard, L. vient dans ma chambre et nous composons un drame épouvantable ; c'est ce qui en fait la beauté. Nous devons le faire jouer par Antoine, l'hiver prochain, et ne doutons pas qu'il ne nous rapporte à chacun au bas mot 35. 000 francs. Beau début ! n'est-ce pas ? Naturellement nous gardons le secret, c'est ce qui en fait le charme. Je me dis quelquefois que, s'il était possible que nous réussissions, je n'aurais pas perdu mon temps à Leysin et que ce serait une carrière merveilleuse pour un tuberculeux que d'écrire. Ça permet de rester à la campagne au moins. Quel malheur que ce ne soit qu'un rêve ! »

« S'il pouvait se faire que le drame que je bâtis avec L. se jouât, ajoute-t-il dans ses notes, j'abandonnerais la médecine et je me mettrais à écrire. Alors je voudrais avoir une influence sociale considérable, je mettrais ma plume au service de la Cause. »

S'il est estimé des malades, les ouvriers et employés du Grand-Hôtel lui donnent aussi leur confiance et leur dévouement ; ses manières simples diffèrent tellement de celles de la clientèle habituelle ! Ils reconnaissent sa bonté qui ne craint pas d'aller à l'encontre de coutumes établies ; originalité, pensent certains ; mais originalité qui amène souvent à frayer avec des humbles ignorés la veille.

« Le galeriste, un Suisse, vient quelquefois faire de la galerie avec moi, après dîner, et s'étend sur la chaise-longue de l'E., lequel ne vient jamais à cette heure-là ; ce galeriste, qui a 23 ans, en prend naturellement à son aise avec moi qui le traite comme un égal et je m'amuse beaucoup de voir G. s'effrayer de ses familiarités croissantes. L. qui a l'air de tenir à mon estime, probablement parce qu'il sent que je ne tiens pas à la sienne, n'ose rien dire... J'ai fait récemment la connaissance du ferblantier du Grand Hôtel. C'est un Italien de mon âge. Je lui ai appris à lire la musique, puis à faire un peu de calcul. Il s'est montré extrêmement reconnaissant, m'a donné 4 litres d'asti en différentes occasions et a paru surtout heureux d'être traité d'égal à égal par moi. S'il n'était pas parti d'ici, je pense que je lui aurais appris beaucoup de choses qu'il ignore au point de vue religieux et social. Bref, j'aurais certainement eu une influence sur cet ami, par ce seul fait que je ne l'ai pas traité en inférieur social. Une preuve de l'efficacité de la méthode, c'est que les camarades du ferblantier m'ont considéré immédiatement d'un autre œil et presque comme un ami, sans que j'aie rien pour cela vis-à-vis d'eux. C'est ainsi que le portier d'étage est venu me faire une visite lorsque j'ai dû garder le lit. Le lift et l'homme de peine sont beaucoup plus aimables, et le lift surtout singulièrement plus complaisant. Je n'aurais pas obtenu tout cela avec des pourboires, et des « mon brave » ou « mon ami » d'aristocrate. »

On lui assure qu'il va mieux ; la cure de soleil semble avoir donné de bons résultats ; mais au printemps les malades qu'il fréquente partent ; il maigrit sensiblement, il a hâte maintenant de retrouver la table familiale. Il est résolu d'observer scrupuleusement le même repos qu'à la montagne pour pouvoir sans trop tarder se relivrer à ses chères études.

Le petit cercle de Néris se resserre autour de son chef, et les réunions reprennent plus vivantes. Louis Peyrot se demande comment hâter et parfaire la formation morale des jeunes gens qui l'entourent, comment leur donner un bagage d'instruction suffisant, l'habitude de réfléchir, le désir de devenir à leur tour des apôtres. Il cherche le chemin de leur âme ; mais il lui est difficile d'entrer dans leur intimité, les points de contact manquent.

« Il faudrait arriver à ce qu'ils sentent, même si ce n'est pas tout à fait exact, qu'ils donnent autant qu'ils reçoivent ; c'est un fait d'expérience courante qu'on aime quelqu'un dans la mesure où il est votre débiteur. La grande règle qui s'impose ensuite est la suivante : on ne fait guère de confidences (je parle de rapports entre égaux d'âge) qu'à ceux qui vous inspirent une grande confiance, et qui vous font eux-mêmes leurs confidences. »

Et il cherche à multiplier les points de contact en leur rendant, ou mieux en leur demandant des services, en organisant une bibliothèque, des promenades. C'est le seul apostolat qui lui soit permis en ce moment, il s'y donne tout entier.

Toutefois, ce retour dans son Bourbonnais dont il s'était promis tant de joie, lui réservait de cruelles déceptions. Dans un sana, malade légèrement atteint, vous êtes parmi les valides ; vous avez l'illusion d'être résistant en faisant des promenades que d'autres envient qui se contentent de se croiser sur la terrasse de l'hôtel ; vous vous levez chaque matin, tant de fiévreux sont condamnés au repos absolu !

Etes-vous entouré de bien-portants, les rôles s'inversent ; tout vous rappelle votre infériorité physique, le pas toujours trop rapide de votre compagnon qui vous essouffle, le soleil bienfaisant à tous dont vous devez vous défier, plus encore peut-être l'affectueux intérêt que l'on prête à votre santé ; vous croyez lire toujours de la commisération dans les yeux de qui vous rencontre.

« Il me semble que je me détache de tout, écrit Louis, le 29 août ; la vie est si lamentable ! Rien de solide, rien de pur, rien de vrai. Tout est fuyant, passager, insaisissable. Tous les plaisirs ont un arrière-goût de tristesse qui désespère. Quand donc la stabilité, l'éternité, la réalité ? Le fin mot de l'affaire, c'est d'attendre un peu. Heureusement, grand Dieu ! que nous ne sommes pas immortels ! »

Son état s'était beaucoup aggravé pendant

l'été. Devant la persistance de la fièvre qui est revenue, il se résout à repartir pour Leysin.

Si découragé qu'il fût la première année, il gardait encore de l'espoir ; c'était une simple interruption dans ses études, comme de gros nuages à l'horizon, avec au-dessous une large bande de ciel clair qui laisse espérer de beaux jours encore.

Il écrit en novembre à son arrivée :

« Mon voyage s'est très heureusement terminé. Il fait un soleil splendide... je viens de voir Exchaquet qui m'a ausculté. Il m'a dit des choses aussi peu rassurantes que possible : que j'étais plutôt moins bien que lorsque je suis parti d'ici, — cependant mes râles sont moins humides, — mais il y en a en arrière, en bas, qui n'y étaient pas au printemps ; que je pouvais cependant encore guérir, mais il a eu l'air de dire que c'était déjà plus difficile cette année. Je ne m'attendais évidemment pas à cela. Et je ne vous le transmettrais pas si je n'avais pas promis de tout vous raconter. Surtout n'allez pas vous effrayer plus que moi et ne désespérez pas !... je crois qu'Exchaquet a exagéré un peu de façon que je sois plus prudent ; n'empêche que je commence à penser que ma vie se passera à cracher et à ne rien faire, et encore dans la meilleure hypothèse. Je viens d'écrire à H. pour qu'il m'envoie ses livres de botanique et de zoologie ; il est vrai que je suis assez découragé de travailler par les paroles d'Exchaquet. »

Et quelques jours après :

« Je suis persuadé de plus en plus qu'Exchaquet a voulu m'effrayer pour me rendre prudent... L. m'a proposé de reprendre notre drame ; mais maintenant je suis décidé à faire de l'agriculture, je préfère bouquiner ma chimie et ma zoologie qu'écrire : c'est certainement moins amusant, mais ce sera plus utile. »

Il passait par des alternatives d'espoir et de désespoir, comme celle qui lui fit écrire d'un jet ces lignes, un jour de chute de neige sans doute où le ciel est bas.

« Etendu sur une chaise-longue, du haut de son balcon, André contemplait le coucher du soleil. Depuis des mois qu'il était en traitement dans un sanatorium de Leysin, il n'était pas rassasié par l'admirable spectacle de la chute du jour dans ce paranoma des Alpes suisses. A l'occident, sur un ciel lumineux qui se colorait étrangement de jaune citron et de vert, la Dent du Midi dressait son énorme silhouette. La vallée du Rhône, profonde de plus de mille mètres au-dessous de Leysin, se comblait de nuages nivelés sur une immense étendue, moutonnant comme les flots d'un lac éblouissant de blancheur. A l'orient le Pic Chaussy et les deux pointes jumelles du Scex Rouge et de l'Oldenhorn qui font penser à deux seins de femme, se voilant pudiquement de rose.

« A cette heure où l'approche de la nuit l'emplissait malgré lui de tristesse, André ressentait plus douloureusement la peine d'être, dans l'ardent épanouissement de ses vingt ans, arraché à la vie active. La tuberculose était venue le frapper au début de ses études de médecine, un peu plus d'un an après qu'il eut connu le Sillon et se fut enthousiasmé pour la « Cause », au moment même où, se sentant jeune et fort, il se dépensait sans compter et imaginait avec amour une vie exubérante de dévouement et d'activité... Il se voyait devenu l'un des maître de la médecine, renonçant aux honneurs et à la fortune, établi dans un quartier ouvrier de Paris, créant des cliniques populaires, s'y dépensant tout entier et apportant à la propagande des idées qui lui étaient chères, l'appui de sa science et de sa popularité.

« D'abord, il s'était révolté contre l'anéantissement de son rêve, il ne pouvait se faire à l'idée de son infirmité, il espérait qu'il allait guérir vite, qu'une exception serait faite pour lui à la lenteur d'évolution qui caractérise la tuberculose. Cependant, il avait dû renoncer à devenir médecin, son ardeur s'était alors dépensée en projets de toute sorte. Il avait songé à faire du droit, de l'agriculture... Puis l'amélioration ne venant pas, il s'était résigné, ou plutôt peu à peu il s'était engourdi dans une torpeur lasse.

« Maintenant, il se laissait vivre dans l'hébétude créée par la monotonie de l'existence au sanatorium, comme un voyageur que le roulement du train fait somnoler. Il attendait. Autour de lui, il voyait de temps en temps la mort enlever l'un de ses compagnons, ou la santé revenir à tel autre. Et suivant ses dispositions changeantes, tantôt un espoir et tantôt un désespoir également morbides le dominaient.

« Ce soir-là, il s'abandonnait au vertige de la désespérance. « La vie, s'écriait-il, je n'y tiens plus ! Je n'y tiens plus, maintenant qu'une maladie déjà longue a définitivement anéanti mes forces physiques et prématurément coupé court à mon développement intellectuel ! Je n'y tiens plus quand je songe au perpétuel supplice qu'elle sera pour mon amour-propre ! Pour toujours impuissant, je ne pourrai plus que pleurer sur les débris de mes rêves jonchant le seuil de mon existence à jamais diminuée, mutilée, stérile. » Puis se rappelant qu'il était chrétien, il comprenait la lâcheté de ses lamentations et, pour ne plus pleurer au moins sur lui-même, se figurait les souffrances de ses compagnons.

« Hélas ! depuis 15 ans qu'il existait, ce sanatorium s'était comme imprégné de douleur humaine. Tous ces couloirs, toutes ces galeries de cure avaient vu défiler des infortunés, fiévreux, toussant, crachant, devenus pour leurs semblables un danger et un objet de répulsion et s'efforçant de disputer pied à pied aux bacilles un flambeau de vie misérable. Dans ses chambres, ces chambres banales d'hôtel, de jeunes garçons, de jeunes filles avaient rendu le dernier soupir ; des parents avaient contemplé l'agonie de leur enfant, contraints à cette comédie atroce de paraître, ayant le cœur déchiré, pleins de confiance joyeuse ! Les morts étaient aussitôt et furtivement emportés, et de nouvelles victimes prenaient immédiatement leur place.

« A Leysin, plus que partout ailleurs, on avait l'impression d'être un passant qui se hâte malgré lui sur les traces de passants disparus, pour disparaître à son tour et laisser précipitamment la place à d'autres passants éphémères...

« Ces lieux communs, André se souvenait d'en avoir autrefois légèrement disserté alors qu'il était plein de vie. Il les agitait nerveusement ce soir, menacé d'un danger immédiat. Nous ne sentons vraiment que notre propre peine ! »

Qu'on n'aille cependant pas s'imaginer Louis un être sombre et mélancolique. D'abord, il n'eut jamais l'aspect d'un malade ; grand, d'épaules larges, quoique un peu maigre, ceux qui ne savaient pas, en le voyant, enviaient sa santé ! Ils eussent pu aussi souhaiter un peu de sa gaieté. Peyrot a des jours gris comme celui qui lui inspira cette page ; jours de brouillard — il était très influençable au temps — ou nouvelles, qui un instant l'assombrissent. Mais que le soleil reparaisse, il redevient lui ; bavardant gaiement avec son voisin de chambre, fredonnant dès le matin. Qu'il puisse rendre service à un malade, le voilà de bonne humeur pour longtemps. Or, il trouvait toujours quelqu'un à qui rendre service. Il connaissait tout le monde, et était aimé et respecté de tous ceux qui le connaissaient. Du lift au gérant, malades du sana populaire et malades du Grand Hôtel, qu'ils fussent jeunes ou vieux, nobles ou d'humble condition, catholiques ou anticléricaux, carriers italiens ou portiers allemands, dignes et braves suisses du canton de Vaud, diaconesses, aumônier, pasteur, médecins, avec qui n'était-il pas en relation ? Sympathisant, vibrant à l'unisson avec eux, portant part effective de leur peine, jouissant intensivement de leurs joies.

Un manœuvre italien lui demande d'être le parrain de sa fille — Louis l'avait connu sur la terrasse du grand hôtel balayant la neige ; — désormais « il parrino » fait partie de la famille. Le bon docteur Exchaquet, pour recruter un membre sérieux autant que pour le distraire, le fait nommer membre du comité de la bibliothèque. Bien qu'il n'eût en fait de médecine que son P. C. N., un de ses premiers amis de Leysin, bon vivant, n'a confiance pour l'ausculter qu'en son oreille et en sa franchise. Des malades alités le font prier de les venir voir pour les distraire. On organise une vente de charité, il est à un comptoir. Des comités de secours se fondent, il en fait partie. Une noble dame étrangère est ravie de discuter avec cet « original démocrate » et l'appelle à toute occasion. Il a ses entrées partout, sa place dans tous les groupes ; il est une voix écoutée. Deux amies se brouillent — chose fréquente dans ces grands hôtels cosmopolites où les œuvres de charité mêmes sont matière à mésentente — Peyrot est tout indiqué pour dénouer les malentendus. Plus difficile à expliquer son ascendant sur de plus âgés que lui, mais jeunes encore — Louis avait alors vingt-deux ans — de ces êtres légers, si différents de lui, inconsistants, qui se laissent vivre ; peut-être subissent-ils inconsciemment cette mystérieuse attirance de celui qui n'a rien vers celui qui a (n'en est-il pas ainsi dans le domaine moral ?), de celui qui se laisse ballotter au gré de ses passions vers celui qui possède un idéal et lui est fidèle ? Ont-ils besoin d'un appui, d'un conseil : allons chez Peyrot.

Pour beaucoup, l'on serait tenté de dire, après les premières rencontres, ce que pensait le manœuvre italien : « il parrino » sera désormais de la famille. Parrainage qu'on lui conférait, non par un engouement d'un jour, mais définitivement.

Ses relations, en effet, ne sont pas simple camaraderie, résultant d'un bon garçonnisme stérile. Il aborde sans respect humain les questions sociales ou religieuses sous la forme la plus accessible à son interlocuteur.

Il fait vibrer des cordes graves qu'on ignore ou veut ignorer, et nombreux sont ceux qui durent à ces « cœur à cœur » où il excelle, une fin chrétienne dont ils étaient bien éloignés. Ceux même qui ne partagent pas ses idées, ses croyances, reportent sur elles un peu du respect qu'ils ont pour lui.

La simplicité qui lui faisait voir choses et gens, et ce qu'ils étaient, et ce qu'ils eussent dû être, jointe chez l'apôtre à l'ardent désir d'améliorer autrui, lui fait dire des vérités avec une franchise qui eût froissé venant d'un autre. Mais on la devine fille de la sympathie qu'il vous porte, d'une bonté indulgente et stimulante, et on la réclame presque et l'on en fait son profit. Peyrot pouvait tout dire : la bonhomie malicieuse qui ridiculisait petits défauts ou travers mondains ressemblait si peu au déchiquetement du prochain, qui fait presque l'unique distraction de ces réunions d'oisifs ! Mêlé comme il l'était à cette société avide d'intrigues, qui débride sa langue sur tout ce qu'elle sait ou ne sait pas, amuse les présents avec de jolis mots qui dissèquent agréablement les absents, en attendant que ce soit le tour des présents d'être absents, il est remarquable qu'on n'ait trouvé à dire de lui que du bien. Car, bien que le côté mondain de cette vie lui déplût souvent, il ne se soustrayait à aucune de ses obligations, et même la mi-carême le vit plus d'une fois déguisé.

Ces distractions l'aident d'ailleurs à lutter contre la neurasthénie qui guette toujours les malades chroniques. Tant de petits événements réveillent le regret de la vie passée, alors qu'ils semblaient assoupis ! ce sont des nouvelles d'amis, des amertumes ignorées des bien-portants, qui lui suggèrent ces réflexions mélancoliques :

« Je suis bien content de voir mes amis se marier jeunes ; je trouve qu'ils ont raison. Voilà pourtant encore une joie que je ne connaîtrai pas... Je viens d'être réformé sans aucune hésitation. Me voilà absolument libre de ce côté. Je ne suis ni heureux, ni triste ; il y a longtemps que cet événement était prévu. Pourtant, c'est un peu humiliant d'être retranché du nombre des hommes valides, qui ont une valeur. Mais ce n'est sans doute pas la dernière des diminutions que j'aurai à subir. (Il avait trop de ressort pour se perdre en lamentations stériles)... A part cela, ajoute-t-il, D. qui m'a ausculté hier soir, m'a dit que j'allais beaucoup mieux. J'ai été très content de ce résultat, car il a été obtenu par un temps réellement mauvais. Les progrès devraient donc s'accélérer cet été, et si je n'avais aucune chute, dans un an d'ici, je devrais être à peu près guéri. Cette espérance me remplit de joie et de courage. »

Il se soigne consciencieusement, il lutte, comme le prouve cette autre lettre à peu près de la même époque.

« Ces réflexions m'ont valu une crise de neurasthénie de quarante-huit heures, que le soleil a heureusement dissipée ce matin ; mais je suis bien décidé à résister à tous les découragements et à ne partir d'ici que lorsque je serai guéri ou presque. »

C'est cette crise de neurasthénie sans doute qui lui dicta cette page de ses notes intimes :

« J'en suis arrivé depuis que je suis malade à une phase d'abrutissement, de lassitude, d'anéantissement effrayant. J'attends. Quoi ? Tantôt la guérison, tantôt la mort ! Où est-ce que Dieu me mène ? Quelle obscurité ! Mes ressorts s'usent vite maintenant ; je deviens indifférent à tout ; et puis, j'ai des crises de désespoir. D'autres fois, je n'ai plus le courage d'assembler deux idées. C'est une désaffection totale. Même si j'en réchappe, je serai à trente-cinq ans un vieillard de soixante-quinze ans, tremblant, voûté et poussif. Je serai répugnant pour les miens. Quelle vie ! et quelle mort ! »

Il avait à la fin de 1908, « noué des relations très agréables avec le bactériologiste de Leysin, un jeune médecin de Nancy, D..., qui fut du Sillon, mais qui a perdu le Sillon de vue depuis quatre ans qu'il est à l'étranger. C'est un charmant garçon, qui a bien gardé la mentalité Sillon, malgré certains retards ». Ils ne devaient plus se quitter. Cette amitié que le temps fortifia, éclaira bien des heures sombres de Louis. D. devient l'ami dont il est question dans toutes les lettres, avec qui il discute interminablement sur des questions de détail, car ils n'ont au fond qu'une volonté. Et avec quel acharnement ils soutiendront tous deux leurs théories sociales devant leurs voisins de table, en de petites réunions ; discussions qui se poursuivent souvent avec l'un des interlocuteurs. « Finalement, déclare Louis, ce sont eux qui modifient leurs façons de voir. »

Petites conférences sur le Sillon à des jeunes gens qui s'éveillent à ce mouvement ; réunions entre sillonistes où l'on discute, cela va sans dire ; articles qu'on lui demande pour de petits journaux locaux ; il emploie agréablement le temps, qui lui reste, à faire avec son ami Jean G. des croquis de carriers italiens dans la montagne ; les jours de pluie un modèle vient poser à l'hôtel.

Ses forces qui reviennent lui permettent, avec des amis, des promenades en montagne. Montagnes bien différentes de celles qu'il connaissait, avec des pentes bleues de gentianes, troupeaux qui sortent, foin odorant, orages longuement répercutés dans les crevasses. Il goûte tout et en jouit avec son tempérament d'artiste. Devisant avec ses voisins de cure, le soir, il admire « des levers de lune splendides derrière le Pic Chaussy dont elle semble gravir la pente en roulant ». Une journée et une nuit surtout, passées à la Tour d'Aï dans la solitude, lui laissent d'inoubliables souvenirs[1].

Rien cependant ne lui remplaçait les promenades, les conversations avec ses amis ouvriers ; aussi c'est avec joie qu'il descend avec D. à Montreux, où, soustrait pour quelques jours à la vie de sana, il retrouve Angelo R., ouvrier italien connu au Grand-Hôtel, qui l'introduit dans son milieu. Il en rapporte des notes sur les mœurs vaudoises ou italiennes, sur d'amusantes coutumes ; croquis de Piémontais qui, la journée finie, jouent de la mandoline les yeux perdus dans un rêve, ou valsent gravement paupières mi-closes, comme s'ils accomplissaient un rite ; vieux pêcheurs qui dans leurs barques attendent patiemment que « ça pique » ; et le

1. « *Dans les Alpes Vaudoises* » (La *Brise*, mai 1910).

contraste est amusant entre ces gens du peuple et les élégants oisifs qui fréquentent les bords du lac.

Bien qu'il eût décidé de ne pas quitter la montagne cette année, un amaigrissement continu, un peu de lassitude aussi le déterminent à passer six semaines en France.

« Je ne sais plus quoi faire et où tendre : je me sens de vagues aptitudes pour plusieurs choses, et de vraie capacité pour rien. Le dessin commence à m'intéresser moins. Je voudrais bien portant me fixer, et voilà deux ans et demi que ça dure. Il est vrai que c'est court à côté de beaucoup d'autres victimes. Attendons encore. »

Ces points d'interrogation qui lui font saigner l'âme jalonnent son ascension. Il se relève, après ces crises, plus fort ; moins vive est son anxiété de l'avenir, plus allègre sa marche au jour le jour.

Il entreprend alors une série d'articles sur *les domestiques sous l'ancien régime*, « intéressants du moins par les documents qu'il a pu trouver et qui lui donnent énormément de travail ».

Une revue littéraire suisse lui demandant aussi des nouvelles, il travaille avec plus d'entrain ; son style gagne en souplesse, en élégance ; il expose ses idées avec plus de clarté.

De temps en temps, il reçoit la visite d'amis qui voyagent en Suisse, et en passant montent à Leysin. Il descend, s'il va bien, avec eux dans la plaine.

« Il y avait deux ans que je n'avais vu Paul G. et un an E... Je les ai connus aux temps héroïques où nous vendions l'*Eveil* aux portes des églises ; aussi nous en avons remué des souvenirs ! C'est toute ma jeunesse, qui a été si courte. »

Les discussions tiennent toujours bonne place dans ses récits.

« Depuis quelque temps, nous nous livrons, D. et moi, à des controverses théologiques avec Mlle T. et d'autres protestants. Nous avons dû éplucher des textes, consulter des ouvrages. D. est devenu très fort sur l'histoire des premiers siècles de l'Eglise. »

Ces discussions ne sont pas stériles, au moins pour lui. Il y gagne un attachement plus vif aux croyances qu'il défend, plus d'indulgence pour qui se débat dans l'erreur, de la netteté dans ses exposés ; pour se faire plus persuasive, sa langue devient plus riche.

Il allait aussi à sa grande joie être appelé à fournir un travail précis.

La société climatérique de Leysin, qui prenait chaque jour de l'importance, venait de décider l'installation des rayons X. Le Dr Exchaquet engagea Louis à poser sa candidature comme assistant pour la radiologie. Il pourrait continuer sa cure tout en faisant œuvre utile : c'est un travail dont il aura vite saisi tous les détails, au point de vue de la tuberculose, d'un grand intérêt scientifique et même médical. Il fut tout de suite séduit par cette perspective : reprendre du service après la « mise en disponibilité », n'être plus seulement le malade qui se soigne !...

« Plaisanterie à part, peut-être y a-t-il là une occasion providentielle, une voie ouverte dont nous ne pouvons pressentir en ce moment tous les avantages, en tous cas, une possibilité de situation, une amorce, je ne sais pas, — de toutes façons des relations peut-être utiles. »

Sa requête agréée sur l'aimable insistance du Dr de P., il partit enchanté pour Lausanne où l'on devait l'initier au maniement des appareils ; initiation qu'il compléterait à Zurich, où la maison allemande, fournisseuse des appareils, avait ses ateliers. Un tramway le conduit chaque matin à l'hôpital cantonal, et pour se ménager, il reste sur sa chaise-longue l'après-midi, cherchant dans un gros bouquin, à travers l'interminable et lourde phrase teutonne, les perfectionnements apportés par les Allemands aux rayons X.

Cette vie active le ravit ; et à Lausanne encore plus qu'à Zurich, il a l'impression de n'être plus qu'un demi-malade, plié à des obligations comme les gens qu'il coudoie. Monter dans un tramway après des années de montagne, quelle volupté ! Et quelle saveur au repos dominical après une semaine de labeur.

Il avait retrouvé là un petit Italien, ancien lift du Grand-Hôtel, tout heureux de lui témoigner en services menus et précieux sa reconnaissance d'une protection affectueuse. Où qu'il allât, Peyrot était toujours attendu par des amis.

Ces quelques semaines comptent certainement parmi ses meilleures ; joie de l'activité reconquise, joie familiale aussi. Auprès de sa sœur qui l'a rejoint, il se sent redevenu le frère aîné, le protecteur, « comme autrefois ». Il est si privé de vivre éloigné des siens, lui dont le cœur aimant a besoin d'expansion !

Pourvu de connaissances suffisantes, qu'il développera par la pratique journalière, il rentre à Leysin. Ces semaines d'agréable labeur allaient être suivies d'une très dure épreuve. Le 25 août 1910, le pape Pie X condamnait le « Sillon. »

Le coup fut vivement ressenti, mais son âme n'eut aucun mouvement de révolte.

« La condamnation du Sillon, écrit-il le 3 septembre à un ami, ne m'a pas moins bouleversé que vous. Inutile de vous dire que je n'ai pas reconnu toutes les idées condamnées dans l'Encyclique comme miennes ; je n'ai jamais pensé que l'obéissance dégradait l'homme, ni je n'ai jamais désiré instituer une religion universelle supra-catholique. Je ne vois pas non plus ce qui a pu faire croire que nous adorions un Christ diminué, etc...

« Quoi qu'il en soit, il faut bien reconnaître que le Sillon avait des torts. L'équivoque créé par notre volonté de faire œuvre éducatrice tout en restant indépendants de l'Eglise a fait tout le mal...

« Le Pape est seul juge de la tactique générale suivant laquelle il veut utiliser ses troupes. Etant donné le mouvement de concentration générale qu'il fait exécuter actuellement dans tous les pays, il n'est pas surprenant qu'il nous ait envoyé l'ordre de rentrer dans les murs. Nous n'avons qu'à obéir et nous rentrerons ; bien qu'il soit dur d'abandonner des positions chèrement conquises. »

A son ami C., il écrit vers la même époque :

« Je t'avoue qu'au premier moment j'ai été bien abattu par cette nouvelle. Mais j'ai repris du calme, et, faut-il te l'avouer, je me suis soumis comme les autres sillonistes. J'espère que nous aurons montré que nous étions bien réellement catholiques. Je crois en outre que Dieu rendra fécond le sacrifice de nos camarades. Et il pourrait se faire que la mort du Sillon fût plus utile que ses dix années d'active existence. Le Pape a été, semble-t-il, sévère..., mais il faut bien confesser qu'il y avait dans notre mouvement des idées fausses, ou plutôt, peut-être, poussées trop loin, et surtout il était évidemment mauvais que nous voulussions faire de l'éducation, même spécialement démocratique, en dehors du clergé. C'est certainement de là qu'est venu tout le mal.

« Je ne pense pas que tu sois de ceux qui ont pensé que la soumission du Sillon prouvait que les catholiques mettent leur respect de l'autorité au-dessus de leur conscience. Les journaux protestants que je vois ici ne se font pas faute de répéter ce sophisme. Mais il est très facile de répondre que nous ne nous inclinons qu'une fois notre conscience éclairée. Nous croyons que le Pape a sur les questions de foi et de morale une compétence renforcée par des grâces uniques, d'où notre confiance dans ses directions. »

Comme on le voit par cette lettre, il dédaigne le blâme de ceux qui reprochent aux sillonistes « de mettre le respect de l'autorité au-dessus de leur conscience. » Mais nous savons, d'autre part, qu'il a souffert en constatant que certains continuaient d'englober tous les sillonistes dans une réprobation générale, suspectant la sincérité de leur soumission et ne les croyant pas fermement résolus à continuer dorénavant leur œuvre d'apostolat, conformément aux vues et suivant les directions du Souverain Pontife.

Il attend en priant le retour du calme et en se livrant tout entier à la préparation consciencieuse de ses fonctions prochaines.

Il rouvre, en novembre, par ces deux pages, son cahier de notes quelque temps délaissé.

« Cet été, j'ai pénétré profondément en moi-même. J'ai lu mon passé avec une lucidité inaccoutumée. Il n'est pas beau. Il n'est pas encourageant ! Il comporte tant de lâchetés, tant d'aveuglements..., tant de chutes !

« Aujourd'hui je vois le chemin. Terrible responsabilité ! je me connais et les tentations qui m'entourent, et les infirmités, et les déformations que j'ai laissé mon âme subir.

« Et je n'attends plus rien de bon de la vie. Les meilleures des joies humaines me sont interdites : l'amour, et toute une catégorie d'amitiés, celles qui m'étaient le plus chères. La vie, si je veux rester dans le devoir, se présente donc à moi désormais comme une épreuve d'austérité, sans autre récompense que les surnaturelles. J'ai abusé des sens. Cette épreuve est donc juste. Elle durera ce que Dieu voudra. Qu'il me donne le courage de l'accepter et de l'aimer. Mortifions-nous. Faisons avec application et avec conscience les devoirs pénibles ou fastidieux, pour avoir le droit de satisfaire, sans appréhension ni scrupule, aux devoirs attrayants.

« Régler sa vie, pour la remplir, et en être le maître ; se faire l'esclave de la discipline qu'on a une fois choisie : c'est un garde-fou. »

Il faut dire que la délicatesse extrême qui grandissait à ses yeux ses défaillances et le faisait se repentir vivement de fautes légères, met sous sa plume des termes qui pourraient faire croire à un passé tout autre que le sien. Ce passé, au contraire, fut toujours admirablement pur ; et Dieu, voulant purifier encore son ouvrier, le maintint toujours dans de très humbles sentiments, voire un profond dégoût de soi-même. Il écrit encore ceci le 14 novembre 1907 :

« L'essentiel est de suivre la voie où le Seigneur nous appelle. Il ne peut vouloir que notre bien.

« Nous sommes donc certains, en aimant Dieu, de nous aimer nous-mêmes ; je veux dire, nous sommes certains, en obéissant rigoureusement à Dieu, de travailler à notre bonheur. Notre bonheur c'est de devenir semblables à lui, de vouloir ce qu'il veut, de haïr ce qui est opposé à ses desseins.

« Aimer son prochain comme soi-même, c'est aider les autres à marcher sur la voie dans laquelle ils sont appelés.

« La voie où Dieu nous appelle diffère pour chacun de nous. Lorsque nous naissons, il a sur nous des vues. Il nous donne les facultés qu'il faut pour bien remplir la tâche à laquelle Il nous destine. — Comme un maître envoie tel de ses serviteurs à sa vigne, et lui donne une serpe pour tailler ; — tel autre, il l'envoie battre son blé et lui confie son fléau ; — tel autre, il l'arme d'une faux, et lui met en main une charrue, suivant le travail qu'il en attend.

« Mais, à peine au monde, nous sommes sollicités par toutes sortes de tentations ; nous y cédons. Les facultés précieuses dont nous avions été doués en vue d'un devoir à accomplir, nous en usons, nous en mésusons, pour satisfaire nos caprices. Nous prostituons aux plaisirs les forces qui devaient être employées aux devoirs.

« Comme si les serviteurs de tout à l'heure s'arrêtaient au cabaret, allant au champ ou à la vigne de leur maître ; comme s'ils vendaient, pour boire, les outils qu'il leur a confiés ; comme s'ils se battaient entre eux avec ses outils, animés tout à coup par des ambitions ridicules, entraînés dans une rixe d'ivrognes grossiers, oubliant leur tâche, et se dépensant à ces turpitudes.

« Alors, Dieu nous punit de cette trahison. Par différents moyens, il cherche à nous rappeler à l'ordre, à nous replacer dans la Voie. Aux uns, il enlève leurs facultés, les autres, il les appelle tout à coup à lui...

« Le plus dur des châtiments, c'est peut-être qu'il vous laisse les dons qu'il vous avait faits, mais en vous défendant désormais d'en user, et en vous mettant au cœur un remords rongeur. Il vous montre nettement la tâche splendide à laquelle il vous destinait. Vous en voyez maintenant toute la douceur et toute la gloire. Vous sentez que vous étiez fait pour elle. Vous sentez que vous aviez été préparé avec amour pour ce travail... Et maintenant, votre outil inutile entre les bras, vous êtes condamné à regarder les autres, plus fidèles, faire ce que vous auriez fait. Vous pleurez de rage, vous rongez votre chaîne, l'activité que vous vous sentez pour le travail interdit vous dévore. Ce travail, vous sentez que vous n'en êtes plus digne, et la honte vous brûle le front. Car il faut être pur pour travailler au champ du Seigneur et vous ne l'êtes plus.

« La moisson est immense, et il y a peu d'ouvriers. C'est que du grand nombre des moissonneurs envoyés, beaucoup sur le chemin du champ se sont laissés entraîner dans les cabarets borgnes. Ils en sont sortis ivres et souillés. Et lorsqu'ils sont arrivés, le travail était commencé, et le maître, les reprenant sévèrement leur a défendu de travailler et les a fait asseoir au bord du champ.

« La moisson est immense et il y a peu d'ouvriers... Et voici que l'orage arrive. Une énorme quantité d'épis ne pourront être moissonnés à temps, Alors les mauvais serviteurs comprennent l'étendue de leur faute. Ils se sentent responsables des épis qui seront perdus. Ils voudraient se précipiter à l'ouvrage, mais le maître l'a interdit. Et eux-mêmes sentent que leur ivresse leur trouble encore les idées et qu'ils ne sont bons à rien. Quel tourment !

« Mon Dieu, est-ce que je serai jamais plus digne de travailler à votre vigne ? Est-ce que l'outil souillé ne peut jamais plus être employé à vous servir ? Est-ce que le remords ne purifie pas ? Mon Dieu ! Pardonnez ! Rendez-moi une faux bien tranchante, redonnez-moi une charrue bien solide, et laissez-moi travailler aussi, et essayer de rattraper le temps perdu ! Pardon ! »

La vigne que le Seigneur lui confiera pendant quelques années encore, ce seront les malades de Leysin dont ses nouvelles fonctions de radiologiste vont le rapprocher. Une si humble supplication ne devait pas rester vaine.

A ce moment le chanoine W. lui proposa de créer, avec quelques autres jeunes gens, une sorte de cercle pour les employés catholiques allemands ou suisses allemands, où on leur enseignerait le français. Le projet ne fut pas tout de suite compris des intéressés.

« F. et moi attendions de pied ferme une troupe énorme d'élèves. Succès fou ! Il en est venu trois !

Nous avons d'ailleurs travaillé comme des enragés pendant une heure et demie avec ces trois types, qui, réunis, ne sauraient peut-être pas se faire comprendre assez en France pour acheter une douzaine de cartes postales. »

Leur nombre augmenta peu à peu, le nombre des professeurs aussi, et Peyrot n'enseigna plus qu'une fois par semaine. Dans la suite, avec quelques jeux, des journaux illustrés, on constitua une salle de récréation ouverte les dimanches de mauvais temps.

Mais toute son activité est maintenant consacrée aux rayons X.

« Je gagne ma vie, ce qui ne m'a pas causé une mince joie ! et confortablement, pour un débutant sans compétence. Source de joie humaine ! Pourvu que cela veuille bien continuer ! »

Cette joie fière, causée par le sentiment de n'être plus à charge à sa famille, influe heureusement sur sa santé. Malgré quelques accrocs, l'année est bonne. Il accomplit ponctuellement son service, note les progrès réalisés à chaque séance, apporte de petites améliorations à l'installation. Des cas intéressants défilent : pneumothorax, abcès difficiles à repérer, qui soulèvent des controverses, anévrismes ; puis tout le processus habituel de la tuberculose : cavernes, ganglions, épanchements pleuraux à l'examen desquels il apporte la même conscience. Dans tous les détails matériels d'ailleurs... mais pourquoi parler de détails ? pour lui tout est important ; il est aussi attentif à la préparation de ces radiographies qu'à une séance de radiothérapie. Conscience atavique, exagérée chez lui presque jusqu'au scrupule, peut-être par la crainte de ne voir jamais la réalisation de ce désir si longtemps refoulé : être l'ouvrier qui gagne son pain.

Il supprime ou abrège des heures de chaise-longue. « Je suis dans une bonne période à tous points de vue, dira-t-il cet hiver, mais prodigieusement occupé. » C'est que, s'il fouille attentivement des poumons à travers son écran, il pense aussi que ces malades ont été comme lui arrachés à leur vie et cette sympathie établit entre eux et lui un courant, et fait de tous ceux qu'il fréquente ses amis.

Ceux qui le connaissent le veulent faire connaître et présenter à leurs amis ; si bien que lorsqu'on se promenait avec lui à 4 heures sur le Secrétan, on était étonné de le voir saluer tant de passants et de toutes conditions.

Or on sait de quelle sollicitude aimable il entourait ceux qui lui étaient recommandés, les allant voir s'ils sont couchés, égayant ceux qui s'ennuient, leur prêtant des livres, soucieux de leur bien-être.

La Colonie de travail l'avait mis aussi en liaison avec nombre d'ouvriers, d'indigènes, de malades. Les tuberculeux convalescents, à qui leurs moyens ne permettent pas de poursuivre une cure coûteuse, souvent ruineuse pour leur famille, sont obligés de descendre trop tôt dans la plaine, et de compromettre par un travail prématurément repris, le bénéfice de leur traitement. Procurer à ces malades le moyen de prolonger leur séjour à l'altitude en rentrant petit à petit dans la vie active, de gagner un modeste salaire leur permettant de payer en tout ou en partie leur séjour à la montagne et de perdre l'idée si déprimante qu'ils sont des « non-valeurs », telle fut l'intention des fondateurs de la Colonie de travail de Leysin[1].

Dans l'esprit de M. le pasteur Hoffet, initiateur et fondateur, elle devait être utile, non seulement aux ouvriers, mais aussi aux membres du Comité, surtout aux malades auxquels elle offrait l'occasion d'être un peu utiles à leurs semblables. La conception intelligente de cette entr'aide fraternelle devait plaire à Louis.

Après un an de travail, le premier local trop exigu fit place à un chalet bien éclairé, bien aéré, où les pensionnaires, dans d'exellentes conditions hygiéniques, purent travailler à la fabrication de chaises-longues, à l'encadrement, à des objets de vannerie.

Nommé membre du comité, Peyrot s'intéressa aux bénéficiaires de l'œuvre et quelques années plus tard prit même une part assez active à la marche de l'entreprise.

Ses occupations nouvelles ne lui font pas négliger les anciennes, et sans doute même lui donnent-elles plus d'autorité, comme à cette réunion du comité de la bibliothèque où il propose un Newman. « Comme c'est un anglican converti, E. était très défavorable. Les autres qui ne connaissent pas Newman étaient indifférents. »

1. Compte rendu, 1911.

Mais on l'accepte quand même par égard pour le demandeur.

Il était dans une bonne période : son ami D. ayant décidé d'oublier ses malades en allant passer quelques jours en Italie du Nord, l'invita à se joindre à lui. Il y avait peu de malades à Leysin ; il leur était facile de s'absenter pendant la semaine pascale. Sortir du sanatorium, oublier les Leysenous, laisser la neige pour le lac Majeur et les îles Borromées, Milan, Pavie, Vérone et surtout Venise ! Louis accepta d'enthousiasme !

« En somme c'est un voyage ravissant que nous avons fait, écrira-t-il au retour, avec le grand soleil presque sans interruption. Le lac Majeur était délicieux avec tous ses arbres fruitiers en fleurs, ses magnolias tout roses, et ses palmiers en pleine terre... Et puis quelle orgie de peinture : A ce point de vue Venise m'a appris beaucoup. D'abord j'ai compris les Primitifs, et combien ils sont supérieurs, malgré leurs défauts, aux artistes de la Renaissance. Ceux-là peignaient des physionomies, des expressions, des regards ; ceux-ci ont seulement vu des corps et des muscles. Cela me confirme dans l'idée que le Moyen Age est incomparablement supérieur aux siècles suivants et à la Renaissance ; la prétendue Renaissance n'est qu'un retour au matérialisme païen, dont nous ne sommes pas encore revenus. »

Après une petite poussée qui l'oblige à rester couché quelque temps à la suite de cette fugue, il redevient très vaillant. D'ailleurs le moral est excellent.

Il avait, peu de jours après la condamnation du Sillon, providentiellement rencontré un jeune dominicain ancien silloniste, aumônier d'une station voisine, dont la largeur de vues, l'intelligence claire, la bonté simple l'avaient attiré. Ces impressions premières, confirmées par les visites du père L. à Leysin, firent naître chez Louis une entière confiance en ce religieux. Docile à ses conseils, il se simplifie, devient moins soucieux du lendemain, repousse de vains scrupules, acquiert plus de vigueur morale, de stabilité, se détache davantage de lui-même et s'attache d'autant plus à autrui.

Un peu pour se distraire, quelquefois pour défendre une idée, mais surtout pour répondre aux demandes de ses amis, il avait écrit des nouvelles parues dans la *Démocratie*, dans des revues littéraires, des annales de cercles d'études.

Lui qui disait autrefois : « Je voudrais écrire des nouvelles, des romans, quelque chose où je pourrais dire toute l'horreur que m'inspirent le vain luxe, les préjugés de classe, où je pourrais venger les gens du peuple du mépris qu'on leur prodigue », sans déserter le cabinet de radiologie, il emploiera cette année 1911-12, à écrire son premier roman : les *Yeux Bandés*. Il nous montre comment un homme de peine, la misère aidant, roule de chute en chute.

Venu de Corrèze à Paris, dans l'espoir de faire fortune, Antoine Mouillérat rencontre une jeune ouvrière en fleurs artificielles, avec qui il vit heureux pendant quelques mois. Puis vient le terrible chômage pour les deux à la fois. Elle reste absente un jour, une partie de la nuit pour chercher du travail ; il la croit coupable et la chasse. Alors il roule de plus en plus bas jusqu'au jour où, à la caserne, les braves paysans qui l'entourent lui font mesurer la profondeur de sa déchéance. Son service fini, il rentre à Paris, retrouve un ouvrier de ses amis qui lui apprend que sa femme n'était pas coupable et l'aime toujours. Mais les privations ont ruiné la santé d'Henriette, et ils ne se retrouvent de nouveau que pour être séparés par la mort. Cette épreuve achève la conversion amorcée par Henriette.

Nous qui condamnions si légèrement ceux qui tombent, savions-nous combien « la vie est méchante aux pauvres gens, la vie rude qui endurcit le cœur comme le rude travail rend les mains calleuses » ?

Une immense pitié pour ces gagne-petit anime tout le livre. Quelques ouvriers réunis entament une conversation sur leurs patrons.

« Quand ils étaient lancés sur ce sujet, ils n'en finissaient plus d'entasser des griefs. Toutes les exploitations, toutes les injustices, toutes les humiliations dont ils avaient été victimes, ils les apportaient, comme à l'instruction d'un procès. Sans doute, dans leur impatience, il leur arrivait de déformer partialement les faits ; ils dramatisaient, négligeaient les circonstances atténuantes, simplifiaient et généralisaient avec abus. Ils oubliaient leurs propres torts qui peuvent expliquer plusieurs sévérités patronales.

« Oui, sans doute... Mais il faut n'avoir jamais souffert pour ne pas être indulgent à l'impatience de ceux qui souffrent. »

« Ne sont-ils pas bien excusables de prendre pour des raisons solides les tirades creuses de quelques beaux parleurs, des hypothèses vacillantes pour des assises de vérités inébranlables ? de croire qu'il sera facile d'édifier une cité parfaite en renversant l'ordre social actuel ? »

« Le plus souvent, — dit le héros du livre, une fois qu'il a recouvré la vérité — le plus souvent, les fautes qu'ils font, les pauvres bougres, c'est par ignorance. On ne les a pas *bien élevés* comme les enfants riches. Ils ne connaissent pas Dieu. Ils sont comme j'étais : ils vont dans la vie à tâtons,... ils ont les yeux bandés. »

Les heures que Louis Peyrot passa à écrire ce roman furent de bonnes heures, un repos de ses occupations matérielles qui lui faisait oublier « le milieu dans lequel il vivait, souvent hostile à ses idées et à ses sentiments les plus chers ». Il savait les défauts et les vices du peuple ; mais il avait partagé ses misères, et aurait voulu montrer ce qu'il y a dans le cœur des ouvriers de générosité naturelle et de bonne volonté.

« Ils savent s'aimer et s'entr'aider fraternellement. Cela rachète bien des erreurs. Ils sont, par là, supérieurs à la plupart des riches, dont l'âme solitaire se meurt d'égoïsme et de lâcheté [1]. »

Au rebours de ces riches dont il parle, la vie de Peyrot était de plus en plus remplie. La Colonie de travail a des difficultés de mise en route ; il y fait de plus fréquentes visites. On fonde une association en vue de secourir les Français pauvres

1. *Les Yeux bandés* ne devaient paraître qu'à la veille de la guerre, et rester chez l'éditeur en pays envahi.

qui se soignent à Leysin. Il est très pris déjà, mais il ne veut pas refuser et accepte d'y coopérer.

« Quelle vie ! je suis ravi d'être si occupé, au fond ; si je continue à ne pas avoir de fièvre, je commencerai à me trouver heureux. »

Un de ses meilleurs délassements, cet hiver, est une série d'auditions musicales précédées de conférences sur les compositeurs depuis Beethoven. Bien qu'il n'eût pas cultivé un don naturel, Louis goûtait très finement la musique, et ne manquait jamais un concert à Leysin, quand il promettait d'être bon.

Il n'a pas perdu le goût des voyages dans un autre milieu. Quelquefois, quand le temps est beau, on lui permet de descendre à Montreux. La famille d'Angelo, son jeune ami piémontais, le reçoit fort bien ; avec un peu de gêne peut-être le premier jour, mais à coup sûr très cordialement le second. Il y retournera, prenant des notes, rassemblant des matériaux pour un prochain roman.

Au mois de juin, son ami D, allant à Cambo, Peyrot se décide à profiter de ce voyage pour aller avec sa mère à Lourdes, qu'il ne connaissait pas encore. On avait, cela va sans dire, demandé sa guérison, et lui-même à diverses reprises, au début de sa maladie surtout, avait prié pour l'obtenir. N'écrivait-il pas encore quelques mois avant ce voyage : « Il n'est pas défendu d'espérer et de souhaiter un miracle ». Mais il n'était pas dans les desseins de Dieu de lui rendre la santé.

« Evidemment, j'étais bien indigne d'un miracle, écrivait-il ; seulement j'ai cru que Dieu me demandait cet acte de foi et de confiance qu'est une neuvaine, et c'est pourquoi, et sur le conseil d'un saint prêtre, j'avais demandé à quatre de mes plus chers amis de joindre leurs prières aux miennes. Comme tu le dis, la Providence voit plus loin que nous, et nous devons nous soumettre à ses desseins. »

Il s'y soumet d'un courage plus égal, avec un accroissement de paix.

Leysin le revoit en juillet. Le travail s'accroît continuellement aux rayons X ; ses forces ont cru aussi, mais pas dans la même proportion, et craignant de compromettre un mieux encore fragile, il renonce à conserver son poste de radiologiste.

Dégagé de ses fonctions, il quitte le Grand-Hôtel et on aide gaiement à son installation dans une petite pension où il pourra vivre plus retiré.

Si moins de faits saillants emplissent cette année 1912-13, la trame est en elle-même assez belle, et vaut qu'on s'y arrête, tissée de petits événements quotidiens, mais avec un humble et croissant amour de Dieu, qui enlève à la répétition de ces riens une teinte grise de monotonie. Si l'on excepte les séances de rayons X, ses occupations sont les mêmes. Peut-être, au total, plus de jours de lit, pendant lesquels on vient le voir assidûment. Ses visiteurs, ou ceux qu'il visite, se réchauffent l'âme à la gaieté franche qu'il rayonne, comme on étend ses membres gourds à la chaleur du soleil : il taquine ceux qui font profession d'être moroses, par de spirituelles réparties amène le sourire sur leurs lèvres ; les faibles, il règle son pas sur le leur pour ne pas les décourager ; des mous, des indécis se lamentent : Peyrot semble s'apitoyer, et malicieusement leur décoche le trait qui stimule.

Ses amis d'au delà des monts écrivent, exposent leur cas. Délicatement, il accorde son âme à la leur. Les réponses sont de petits chefs-d'œuvre d'élégance et de clarté ; il conseille, sans pédanterie, avec l'unique souci d'être la main qui tient le fanal. Il a trop souffert, trop peiné pour ne pas être indulgent aux misères d'autrui. Mais il a goûté la beauté sereine des cimes ensoleillées, et il voudrait ardemment en faire jouir qui s'attarde encore dans la plaine brumeuse.

Qu'un infirme ait su tendre sa volonté, ramener la chaleur autour de lui, la gaieté, la joie de vivre, quand tout lui fait sentir sa déchéance physique, ravive cette impression « d'être en marge des vivants, des valeurs ; un être diminué », quelle leçon pour nous, valides ! Quel encouragement pour vous, malades, qui vivez ces lassitudes et vous sentez l'âme envahie de désespérance ! Et si comme lui, souvent, vous devez « marcher dans une brume froide, transi jusqu'au cœur, jusqu'à l'âme », ne trouverez-vous pas aussi les cimes radieuses, le soleil après cette brume éphémère ?

Il faut lire ces deux belles pages.

« 15 *janvier* 1913. — Lassitude. L'épreuve ne finira donc pas ? Aucun changement appréciable dans mon état. Mon Dieu, faut-il penser que je ne souffre pas avec assez de patience, que ma souffrance est stérile, qu'elle ne satisfait pas, où à peine, votre justice ? Ou puis-je croire, au contraire, que mon supplice vous plaît ? que, malgré tout, cela sert à quelque chose que je sois malade, infirme, sans forces ? Déjà six ans que je pleure loin de tout ce que j'aime. Six années, le quart de mon existence, ou presque. »

« 17 *janvier* 1913. — Depuis que mes forces m'ont été ôtées, depuis que mes rêves de jeunesse se sont desséchés comme des fleurs brisées à qui manque la sève, il me semble que ma vie est un jour de pluie continuel. L'avenir, le bel avenir, cet horizon ensoleillé vers lequel je me hâtais avec enthousiasme, je ne le vois plus. Un brouillard humide l'a caché. Je marche dans un brume froide, et souvent je suis transi jusqu'au cœur, jusqu'à l'âme. La vie n'est plus qu'un paysage gris sur qui pleure le ciel gris... Mais j'ai l'impression que dans le brouillard où je ne vois plus mon chemin quelqu'un me tire par la main, et me guide ; et nous montons : le chemin, le sentier est rude, il roule des pierres sous mes pas, et je tombe sur les genoux et je saigne. Je demande grâce. Mon Dieu ! je ne demandais pas à grimper si haut, je me serais contenté des chemins faciles de la plaine, où il y a du soleil et des fleurs, où l'on a des compagnons qui rient. Mon Dieu, ayez pitié !

« Mais la main qui me tire et me guide resserre son étreinte et m'entraîne. J'entends une voix qui me dit : Viens ! Aie du courage ! Oublie les plaisirs infâmes auxquels je t'ai arraché, et où ton cœur allait se perdre. Sois humble : tu n'es pas si haut encore, va ; tu ne fais que quitter les bas-fonds. Et tu les regrettes, lâche ! Oh ! si tu savais les cimes radieuses auxquelles je te conduis ! Si tu savais quel soleil tu retrouveras après cette brume éphémère !

« Tu te plains que tu es seul, que tu ne rencontres plus que des amis peu nombreux, de temps en temps.

Mais c'est de quoi tu devrais me savoir gré. Je t'ai choisi du milieu de la foule.

« Ecoute. Tantôt tu penses aux joies immondes que tu as quittées, et tu murmures contre l'austérité de la voie où je t'attire. Tantôt, l'esprit du mal qui cherche à te reprendre, à te détacher de Moi, te souffle du mépris pour ceux que tu as un peu dépassés, grâce à mon aide. Tu oscilles entre la nostalgie de la boue sensuelle et l'orgueil du progrès que tu me dois.

« Reconnais que j'ai eu raison en enveloppant ta voie de brouillard. Il n'est pas bon que tu mesures trop bien le chemin que je te fais parcourir.

« Abandonne-toi donc humblement à moi. Celui qui me suit ne marche pas dans les ténèbres.

« Viens, je suis ta Force et ta Lumière. Tu n'es par seul puisque tu es avec moi, et que je t'aime, moi, ton Dieu. »

De ces carnets-là que de pages seraient à citer !

Plus robuste au printemps, il peut faire à Angelo R. la visite promise, sur les bords du lac Majeur, à Nebbiuno, « petit village où la couleur locale ruisselle ».

« C'est curieux, disait-il à son ami B., comme il est agréable de sortir du cadre ordinaire de la vie pour pénétrer dans un autre tout nouveau. Le plaisir de l'imprévu, du pas encore vu, connais-tu et aimes-tu ce plaisir-là ? Etre réveillé le matin à 4 h. 1/2 par le carillon joué à la main par les trois cloches de l'église et dans un rythme endiablé — être salué d'un « buon giorno » au sortir de sa chambre, et échanger deux phrases en italien sur le temps qu'il va faire avec l'aubergiste, — trouver son ami en train de peindre en vert les volets de sa maison, prendre un pinceau pour l'aider et discuter avec lui sur la confession en particulier et sur la religion en général en attendant l'heure du déjeuner ; — manger du salami (saucisson), de la minestra (soupe aux pâtes) et du risotto au safran, — l'après-midi, faire une promenade jusqu'à des villages voisins aux rues tortueuses et pompeusement nommées : Via Vittorio-Emmanuele terzo, — boire dans les « trattoria » du vin rouge, pétillant et sucré ; — découvrir dans le patois piémontais des mots de vieux français, — fumer des cigares de dix centimètres, percés d'une paille, et faillir en être malade — etc., etc., quelle délicieuse récréation pour un tuberculeux au régime de Leysin ! [1] »

L'été le ramène en Bourbonnais, où on vient voir de près « l'homme qui revient pour la sixième fois de Leysin », écrit-il gaiement à G. Pour atténuer un rhume des foins qui lui donne de très pénibles crises d'asthme, on lui conseille une saison au Mont-Dore. Mais le Dr P., très optimiste d'ailleurs dans son diagnostic, l'engage à remettre cette saison à l'année suivante.

Après quelques jours de repos, il rentre à Néris, enchanté des conclusions favorables de cet examen médical, espoirs qui s'ajoutent à ceux de ce bon été.

« La récente neuvaine que nous avons faite a été généreusement récompensée, puisque j'ai vu ma santé s'améliorer assez pour que je passe à Néris tout l'été, puisque j'ai pu aller voir mon ami A. et faire la connaissance du Cercle de l'abbé M., puisque B. m'a été envoyé, un de mes plus vieux et plus chers amis, comme un symbole, comme le signe que l'épreuve

1. Il conserva les excellents souvenirs de cette fugue dans un article paru en janvier 1914 dans la *Revue des Familles*.

touche à sa fin, et que l'avenir va reprendre la tradition du plus cher et du meilleur passé. Je veux voir dans le fait que j'ai pu prendre contact avec un cercle populaire après cinq années d'éloignement complet, une promesse que je pourrai de nouveau travailler pour le peuple. Comme j'ai voulu voir dans le fait que j'avais pu passer quinze jours en octobre 1912 parmi les amis d'Angelo R. la promesse que je pourrai de nouveau vivre dans le peuple.

« Il est très consolant de constater que chaque fois que j'ai demandé ma guérison tout en me soumettant d'avance à la maladie, j'ai obtenu, sinon encore la guérison, du moins des promesses très douces et qui me semblent très claires. C'était comme une indiscrétion officieuse, comme un encouragement, comme un gage. »

En septembre, il reprend le chemin de Leysin. Mais sa retraite n'est pas plus respectée que l'année précédente. Les visites affluent, sitôt qu'il reste couché ; s'il se lève, on le réclame ; vieil habitant de Leysin, on le prend un peu pour une agence de location ; il se prête à tout avec bonne grâce. « Heureusement je connais pas mal de gens ici, dit-il philosophiquement ; et ma prétendue qualité de docteur en médecine me donne, avec ma barbe, un certain prestige utile. » Oui, ces connaissances nombreuses lui permettent de rendre service ; mais elles l'empêchent aussi de se reposer suffisamment. Et il songe à quitter Leysin.

Ses amis D. et R. sont à Cambo, pourquoi n'irait-il pas, lui aussi ?

Il jouit toujours de la paix retrouvée à Néris, sauf éclipses insignifiantes.

« *Veille de Noël* 1913. — Depuis cet été, Dieu m'a envoyé une foule de bénédictions. Jamais, il me semble, mes efforts n'avaient été aussi couronnés de succès. Jamais je n'avais eu cette impression que Dieu bénit mon travail et que mon travail lui est agréable. Cet été, il m'a permis de nouer ou de renouer connaissance avec de nouveaux et d'anciens amis de l'Allier... J'ai collaboré efficacement aux *Annales des œuvres ouvrières*. La *lettre à un malade* a fait du bien à plusieurs lecteurs, m'a-t-on dit. Elle va être réimprimée par la *Revue Montalembert*. Je suis entouré d'amis. Ma santé elle-même s'améliore. Je crois que je ne me suis jamais senti si heureux. Pendant mon P. C. N., j'ai été très heureux, mais je n'avais pas la même paix dans le cœur. Que Dieu est bon ! »

Les œuvres l'accaparent au delà de la limite permise à un malade.

« Je me remue beaucoup à cause de la représentation de l'A. F. L. (Association française de bienfaisance de Leysin) qui aura lieu au Grand-Hôtel vendredi... Le comité est réduit pratiquement à G. et à moi... Le vie est bien brutale tout de même. Pendant que nous sommes obligés, pour trouver de l'argent aux pauvres diables qui comptent sur nous, de préparer cette heureuse réjouissance à d'autres types dont la moitié mourra avant longtemps, ce pauvre L. (il était du comité) est en train de mourir, il ne vivra même probablement pas jusqu'à vendredi... On lui a donné l'Extrême-Onction hier. Il n'avait déjà plus sa connaissance que d'une façon intermittente. J'ai appris hier soir la mort de R. qui est resté dans une hémoptysie à Paris. T. de son côté s'en va petit à petit. Tout le comité va être renouvelé. » — Et quelques jours après : « Notre soirée a eu lieu hier soir et tout s'est bien passé. Gros succès. Belle salle, très riche et très généreuse en même temps que très gaie. Troupe vraiment bonne, toute française d'ailleurs, sauf le Directeur qui est Vaudois et joue excellemment. Nous avons dîné avec la troupe. Ce fut gai et très convenable. Le Champagne a tout à fait rompu la glace et on s'est séparé au mieux. Le pauvre L. est mort avant-hier soir. Cette triste coïncidence ne cesse de nous poursuivre. Hier, tout en vendant les programmes, nous téléphonions pour commander une couronne. En arrivant au Grand-Hôtel, le première minute libre a été pour aller le voir et saluer son père. »

Mais Louis Peyrot se trouve trop connu à Leysin maintenant, trop accaparé, il se décide à dire un adieu définitif à la montagne.

Au printemps, après un dernier séjour dans cette Italie du Nord dont il ne garde que de joyeux souvenirs (cette année il s'arrêtera à Cigliano, village de sa filleule Pierrine), il rentre en France.

Docile au conseil du docteur P. qui attendait plus de fruit d'une saison commencée avant le retour de sa fièvre des foins, Louis partit au mois de juin pour le Mont-Dore ; il y fit un séjour agréable : mieux-être physique, rencontre d'un jeune prêtre qui devient son ami, rencontre d'un fils du « bon père Harmel » avec qui Louis se sent tout de suite en confiance ; la guerre interrompit leur commerce amical, mais plus tard, il se rappelle avec émotion ces journées heureuses qui lui paraissent providentielles.

CHAPITRE III

Cambo

> « Aussi vraiment que le pain est promis à l'homme, le travail sacré est promis à l'apôtre. »
>
> (Marius Gonin.)

Après avoir passé la fin de ce tragique été dans sa famille, à Néris, il voulut repartir pour la montagne. Mais afin de ne pas s'éloigner de France, il se décida à aller rejoindre son ami D. à Cambo. Dans le début du premier hiver de la guerre, le sentiment pénible de son inaction lui pesait cruellement.

Mais la parole de confiance en Dieu, de consolation surnaturelle était toujours bien près chez lui du cri de désespoir.

Le 15 décembre 1914, il écrivait :

« Que j'ai vieilli, Seigneur ! que j'ai vieilli ! Je ne suis plus porté par aucun enthousiasme. Et voilà tant d'années que je vais à tâtons sans un but dans ma vie, du moins sans un but humain, sans une tâche précise, sans un avenir immédiat un peu clair, — et voilà si longtemps que je vais sans savoir où, que j'ai, à la fin, l'irrésistible envie de m'asseoir là, au bord du chemin, en attendant que le brouillard se lève.

« Cette interminable maladie, où va-t-elle ? que veut-elle ? Vivrai-je ? Suis-je près de décliner et de mourir ? Devrai-je longtemps encore traîner cette inaction plus lourde qu'un boulet de forçat ? Les forçats, du moins, sont fixés sur le temps de leur peine... Ah ! mon Dieu, vous n'avez donc plus de pitié, ou vous ne voulez donc plus entendre les gémissements de vos victimes. Je me sens dans une oubliette. Mon âme est abandonnée dans une oubliette où aucune consolation ni aucun espoir ne parvient. Je ne sais même plus moi-même ce que je désire, et si je désire quelque chose. C'est la lassitude absolue, et c'est le désarroi. Seigneur, rappelez-vous votre parabole du bon Samaritain, et hâtez-vous de passer, sinon je vais mourir sur le bord du chemin. »

Et le même jour :

« Quelles actions de grâces vous rendrai-je, ô mon Dieu ?...

« Ouvrant les *Lettres à mon cousin*, de Gonin, je suis tombé sur ces phrases qui répondent à ma désolation d'infirme :

« Aussi vraiment que le pain est promis à l'homme, le travail sacré est promis à l'apôtre. »

Et plus loin :

« Répétez chaque jour à votre lever, répétez votre parole de tout à l'heure : « Que faut-il que je fasse ? » Dites-la, cette parole, avec un élan de toute votre âme, et Dieu qui donne sa paix aux hommes de bonne volonté, qui suscite toujours les apôtres dont la terre a besoin, Dieu vous fera connaître la tâche opportune. Mon Dieu, réalisez bientôt cette promesse !

« Merci, déjà, d'avoir mis la parole consolatrice aussi près du cri de découragement ! »

La promesse ne tarda pas beaucoup à se réaliser. Son ami le Dr D. avait fondé à Cambo un sanatorium où il l'invitait à venir. Le climat de Néris ne convenait pas à Louis. Il ne voulait pas retourner en Suisse.

Il accepte donc et, toujours mal en point, fiévreux, il part en février 1915 pour Cambo, « où son ami D. lui rend quelque confiance en sa carcasse amochée ».

Le Sana était alors occupé « par quelques pensionnaires seulement, le reste de la maison étant transformé en dortoirs pour une trentaine de soldats et un réfugié, hébergés gracieusement ».

Les trois mois qu'il y resta sont à tous points de vue des meilleurs.

« Oui, c'est toujours bien dur d'être inutile, écrit-il à son ami V., ou du moins désarmé en un temps où tous les Français devraient être au front, et faire tête aux Boches... Ici, je t'avoue que cette épreuve est un peu moins dure pour moi. Le fait d'être environné de malades, et de soldats malades, est une atténuation. Les gens savent que vous êtes physiquement inaptes, ils le savent par expérience, ils en souffrent comme vous : le partage et cette compréhension créent une sympathie qui est un allégement.

« Ma santé est exactement la même ; je pense rentrer à Néris le 15 mai, et ce sera sans doute pour repartir peu après pour le Mont-Dore. Quelle existence! Mais figure-toi que je suis extrêmement heureux (sauf nuages inévitables et passagers). J'ai même l'impression que je viens de passer à Cambo une des meilleures périodes de ma vie. Le pays, peut-être, s'y prête, et les gens qui sont aimables, pieux et honnêtes (bien que paresseux) et surtout l'amitié de mon bon D. Son Sana est une oasis de générosité, une ébauche de la société meilleure que nous rêvons. Voilà ce que j'aurais aimé à réaliser ! Nous manquons toujours d'audace et d'indépendance... Hier, nous avons emmené dix-huit de nos soldats, deux réfugiés et un pensionnaire faire un tour, une petite excursion au « Pas de Roland », qui est une gorge rocheuse, par où se précipite en écumant la Nive, et que Roland aurait ouverte d'un coup formidable de Durandal pour franchir les Pyrénées. Cette petite escapade a duré toute l'après-midi. Je crois que tout le monde en est revenu satisfait ; en tout cas j'en étais enchanté. Ces petites montagnes vieillottes, usées par des centaines ou des milliers de siècles, sont bien plus à notre taille que les grandes Alpes. Les points de vue, les échappées y varient presque à chaque pas ; ce sont des montagnes au milieu desquelles on se promène, et non pas des masses colossales sur lesquelles on se hisse à tous petits pas pénibles. Ça rappellerait bien plutôt l'Auvergne, en plus rocheux, en plus escarpé, et surtout en moins vert, en plus aride, en plus sauvage. »

Si Louis était ravi de cette excursion, les hommes ne le sont pas moins que lui. Il était à peine arrivé au Sana, il n'était pas sorti de sa chambre encore, prudemment consigné pour faire baisser sa température, que déjà les soldats le connaissent, viennent sur sa terrasse causer un peu ; les uns jouent avec lui aux dames ; à un autre il enseigne à lire. Choses de peu, dira-t-on ; oui, choses de peu quand elles sont accomplies par des âmes vides. Le même fruit n'est-il pas insipide et pierreux comme le sol qui n'a pu le nourrir, ou savoureux et tentant s'il est gonflé de sève ?

Quand il ira mieux, de petites conférences, par lesquelles il tâche de les distraire en les instruisant, les rapprochent encore.

Il leur prête des livres, se mêle à leurs promenades. Ce don d'attirance semble croître chaque jour ; les soldats vont à lui comme à un vieux camarade. On est stupéfait de l'empire qu'il a sur ces hommes, hier des inconnus. Les pensionnaires font bon accueil aussi à ce malade si plein d'entrain ; plus d'un conservera des relations avec lui.

Il sort chaque jour, fait même quelques promenades un peu longues avec d'insignifiantes réactions thermiques : bref il va beaucoup mieux.

Le service de santé qui, débordé, avait au début de la guerre envoyé des blessés au Sanatorium de Beaulieu, commença, sur la demande du Dr D., à y diriger des tuberculeux.

« Il va y avoir bien des tuberculeux après la guerre ! écrit Louis Peyrot. Il faudrait multiplier les sanas populaires. Que n'ai-je des rentes ! je suis sûr que ça me guérirait de m'occuper d'une entreprise comme ça. »

Il avait écrit à V., le 6 avril 1914, à propos des mauvaises élections de l'Allier : « Si ça s'est passé partout comme ça, nous aurons les Allemands avant quatre ans... Ne crois pas que je sois découragé. Travaillons, au contraire, plus que jamais. Après les catastrophes, il y aura les résurrections. Dieu est toujours là ! » Maintenant que les Allemands sont là, qu'il sent ses forces se raffermir, il veut travailler plus que jamais : travailler à la guérison des tuberculeux, ce sera sa façon de servir.

Il revient alors en mai à Néris. Que faire pour les tuberculeux ? Ce point d'interrogation, fiché désormais comme un pieu dans son imagination, il faut le résoudre. Il rédigea une circulaire[1],

1. Il y a parmi les victimes de la guerre une catégorie qui offre beaucoup d'analogies avec celle des mutilés, et qui appelle des secours semblables. C'est la grande catégorie des soldats que l'on réforme chaque jour pour tuberculose.

Quelques-uns sont assez riches pour se soigner convenablement.

Le plus grand nombre vivaient de leur travail et vont se trouver à peu près sans ressources. Car les réformés pour tuberculose, ne pouvant pas établir que la guerre est la cause occasionnelle de leur maladie, n'ont droit à aucune pension.

Il est cependant incontestable que beaucoup qui sont partis pour l'armée parfaitement sains, reviennent avec des lésions tuberculeuses avancées, et que beaucoup d'autres, peut-être porteurs de bacilles au moment de la mobilisation, ont irrémédiablement aggravé leur mal dans les tranchées. Tous ont donné généreusement, sinon de leur sang, de leur santé pour la France. Il est impossible que la France se désintéresse de ces invalides-là.

Ils ont tous besoin de se soigner, d'abord.

Ensuite, un grand nombre, même guéris, ne pourront pas reprendre leur ancien métier, trop pénible ou insuffisamment hygiénique.

Plusieurs, enfin, qui recouvreront assez de forces pour vivre, même de longues années, n'atteindront jamais à la guérison vraie et devront mener une existence entourée de précautions.

Certes, il est inutile d'insister sur l'urgence de l'organisation à créer.

Tout le monde sait que la tuberculose, pour être guérie, doit être soignée le plus tôt possible, avant que l'organisme attaqué ait usé dans une résistance mal utilisée ses meilleures forces.

Il est également clair que la société a le plus grand intérêt à isoler les porteurs de bacilles qui ne connaissent pas leur état, et ceux qui, le connaissant, ne savent, ou ne peuvent, ou ne veulent pas prendre les précautions nécessaires pour éviter de contaminer leurs voisins.

Enfin, il est établi que, dans une très forte proportion des cas, avec Paul P., l'un de ses amis, et l'adressa à plusieurs philanthropes qui paraissaient devoir s'intéresser à la question. Mais la guerre en neuf mois a fait tant de victimes, détruit tant de foyers ! Comment nourrir les nombreux réfugiés, recueillir

les tuberculeux sont guérissables, et peuvent, après un temps variable, reprendre leur vie normale [1]. Beaucoup d'autres, ainsi qu'on l'a dit et comme l'expérience le prouve, peuvent, sans atteindre la guérison parfaite, mener, moyennant certaines conditions de climat et d'hygiène, une vie encore très utilement remplie, se marier et avoir des enfants nombreux et robustes.

Toutes ces raisons, qui seront aisément admises, amènent à la conclusion que voici :

a) Des sanatoria devront être construits dans les régions de France dont le climat est le plus favorable (Jura, Dauphiné, Pyrénées, Pays basque, Auvergne, etc.). Des exemples intéressants aux points de vue médical et financier seraient fournis par les sanatoria populaires de Hauteville (Ain), Leysin (Suisse romande), etc.

b) Auprès de chacun des sanatoria, seraient organisés soit une colonie agricole, soit un atelier (exemple la Colonie de travail de Leysin), destinés à fournir aux convalescents, en même temps qu'une remunération, le moyen de se réentraîner à l'activité musculaire. Ces organisations, permettant certaines opérations commerciales et quelques bénéfices, allégeraient d'autant le budget global.

c) Enfin, il y aurait lieu de faciliter l'établissement, dans le voisinage des sanatoria et des colonies de convalescents, des tuberculeux chroniques, mais suffisamment valides dont on a déjà parlé.

Il est probable que la solution la plus sûre consisterait à développer les stations déjà existantes : Hauteville, Durtol, Cambo, Pau, Amélie-les-Bains, Arcachon, etc.

D'abord parce qu'on en connaît déjà le climat et qu'on serait certain de ne pas se tromper dans l'élection de nouveaux lieux de cure.

Ensuite parce qu'il y a grand intérêt à grouper les tuberculeux : ils prennent et ils gardent ainsi sans peine l'habitude des précautions

1. Durtol : 39 o/o ; Leysin : 70 o/o (premier degré) ; 40 o/o (deuxième degré) ; 9 o/o (troisième degré).

les orphelins, venir en aide aux mutilés ? Comment faire face à tant de misères ? Tous les dévouements sont mobilisés.

Dans un mémoire remarquable, le Dr Landouzy, le 5 mars 1915, avait, en signalant la gravité du fléau, réclamé l'assistance pour les blessés de la tuberculose. M. Barrès avait reproduit, dans l'*Echo de Paris*, la question à lui posée par Peyrot, et par bien d'autres sans doute : Que compte faire le gouvernement pour les tuberculeux de la guerre ? On en parlait en haut lieu. Mais il faut du temps à l'opinion publique pour s'alarmer d'un danger trop longtemps côtoyé. La réponse semblait repoussée à lointaine échéance.

Peu après son arrivée, Louis Peyrot fut pris de sa fièvre des foins. C'est de son lit, entre deux accès de fièvre, qu'il tente ses démarches pour les tuberculeux, sans interrompre une correspondance que la guerre n'avait pas ralentie.

Il a des instants de lassitude, dus sans doute à la persistance de la fièvre, à l'inutilité apparente de ses démarches « pour les blessés de la tuberculose ».

Le 12 juin 1915, il écrit :

d'hygiène indispensables : leur surveillance médicale est aisée, surtout s'ils n'ont pas peur de la maladie, qu'ils connaissent, et n'hésitent pas, par suite, à s'employer mutuellement dans les fonctions que leur société nécessite. D'où la possibilité pour les moins riches de travailler et de vivre. Pour cette même raison, un sanatorium populaire sera très bien placé à proximité d'un sanatorium payant.

On pourrait ajouter en faveur du groupement des considérations morales. Elles se devinent assez : il est bon d'unir les infortunes, et seuls ceux qui ont souffert savent consoler ceux qui souffrent.

« Je crois que je n'étais pas fait pour la vie active, j'ai l'âme trop naturelle, je me serais perdu. C'est pourquoi Dieu dans sa bonté m'a cloîtré dans la maladie. Quelles sont les vues de la Providence ? je suis toujours dans la même incertitude pénible. J'ai cependant des assurances négatives : pas de médecine, ni de droit, ni d'agriculture ; pas de vocation religieuse, du moins il me semble. Pas de littérature, l'histoire des *Yeux Bandés* est claire. Quelques clartés positives... l'apostolat des malades. Et aussi l'assurance du mois de décembre dernier : « Le travail sacré est promis à l'apôtre, il ne lui manquera pas. »

« Quel sera ce travail ? Seigneur, parlez, votre serviteur écoute. Que faut-il que je fasse ? »

Et le 18 juin :

« On nous propose, à Jeanne et à moi, de diriger un hôpital de trente malades, à Cambo. Mon Dieu, est-ce votre réponse ? »

L'un des premiers, le Préfet des Basses-Pyrénées M. C., s'intéressant au sort de ces épaves de la guerre, s'était assuré le concours de deux phtisiologues de son département pour organiser des stations sanitaires. Séduits par le côté philanthropique de la proposition préfectorale, le Dr D. et sa femme avaient accepté avec leur habituel désintéressement, leur générosité coutumière, la lourde charge et les soucis de cette fondation.

C'est la direction d'une de ces formations, le sanatorium Franclet, qu'ils proposaient à Peyrot et à sa sœur. Il n'a pas réussi à susciter des initiatives privées ; il accepte avec reconnaissance l'offre qui lui est faite. « Je souffrais tellement de ma vie inutile écrit-il à Mlle G. et de sentir que mes péchés étaient la cause de cette « mise en disponibilité » que j'ai accepté avec enthousiasme le petit emploi que la Providence m'a donné enfin. »

Son état s'était sérieusement aggravé pendant ces deux mois. Le climat ne lui convenait décidément pas, et il songeait à quitter définitivement Néris.

« Tu sais, je vais mal, écrit-il à V. le jour de son départ. Agrandissement de ma caverne, envahissement de mon poumon sain... Demain à 14 heures, je serai à Cambo. Mais je suis cette fois, du moins en ce moment, 14 heures 6, d'un optimisme échevelé, et je ne doute pas que ma « robuste constitution » (républicaine probablement) ne vienne à bout de ce mal impitoyable (*Applaudissements unanimes*). »

Accompagné de sa mère, il fit le voyage mieux qu'on ne l'avait espéré.

Pour le mettre à l'abri de ces retours continuels de fièvre on tenta un pneumo-thorax ; mais la plèvre adhérait en bloc, il fallut y renoncer. Il avait accepté cet essai, considérant comme un devoir de ne pas négliger une chance d'amélioration qui lui permettrait un peu plus d'activité ; mais il n'eut un peu de regret qu'en pensant à l'espoir déçu des siens.

Toujours couché, fiévreux, il se sent quand même plus dispos, s'intéresse à l'organisation de son futur sana.

C'était une vieille ferme basquaise, près de la route, comme son nom basque l'indiquait, « Landartia », « entre deux chemins », au bas du jardin de Beaulieu. Façade orientée, naturellement, rayée de chevrons rouges, coupée d'un balcon sous le toit avançant. Mais l'intérieur pittoresque était très insuffisant pour y établir des malades.

Tout était à faire ; et d'abord, donner de l'air, de la lumière. On perce des fenêtres, on ouvre des portes. Des cloisons s'élèvent ; sous un lait de chaux, ou retapissées de papier clair, les chambres deviennent accueillantes. Travaux accomplis souvent avec des moyens de fortune ; on manque à tout instant de matériaux, d'ouvriers.

Ne pouvant faire davantage, Louis, de son mieux, seconde les D. en tapant à la machine avec acharnement : commandes de lits, matelas, crachoirs, etc., tout ce qui est nécessaire à l'ameublement d'un sanatorium. Beaucoup de fabriques sont fermées depuis la guerre ou réquisitionnées ; il faut discuter des prix, s'imposer, hâter des livraisons qui s'éternisent. Dieu sait si Peyrot semblait peu entendu en affaires. Un jour, de Leysin, faisant une commande de livres, il demande qu'on joigne à la livraison deux petits évangiles de propagande. Le libraire lit : cent, et les expédie. On ne manquait pas, à l'occasion, de lui rappeler malicieusement cette aventure. Eh bien ! profitant de l'expérience de ses amis, il se forma très vite.

Sa température redevenait peu à peu normale ; il peut se lever quelques heures, jeter un coup d'œil aux travaux que la pénurie d'ouvriers prolonge.

Sa sœur aînée, qui devait être l'infirmière

de Franclet, arrive le 21 août. Ni l'un, ni l'autre, tout à la joie de se retrouver devant l'œuvre promise, ne se doutaient que la mort les séparerait brutalement un an après, jour pour jour.

Peyrot alors cherchait par quel travail facile, suffisamment rétribué, tout en étant hygiénique, il distrairait ses malades : fabrication de sacs en papier, cartes postales coloriées, couronnes mortuaires, vannerie, etc. ; question difficile à résoudre : matières premières d'un prix élevé, écoulement des objets difficile.

Ceux qui venaient voir Louis à cette époque, ne se doutaient guère, à l'accueil gracieux qui les invitait à prolonger leur visite, de la somme de travail fournie par ce reclus.

En septembre, enfin, parut une circulaire du ministère de l'Intérieur : « Tout réformé de la guerre a le droit de faire un stage dans une station sanitaire. Il suffit de justifier de ses qualités de réformé ». Imprécision qui devait donner lieu à bien des contestations.

Les premiers réformés sont annoncés. Les murs du réfectoire et des chambres, ornés d'affiches de chemins de fer, prennent très bon air. Le 11 octobre, entouré des amis de Franclet, M. le Curé de Cambo bénissait le « Chendoteya », (en basque : la maison où l'on guérit), comme il se plaît à l'appeler.

La première station sanitaire était ouverte en France. D'autres, depuis, se sont élevées, plus confortables, luxueuses même. Mais en est-il une dont le directeur fut aussi heureux de prendre possession ? Louis s'installa donc ravi dans sa petite chambre aux solives apparentes, peinte du rouge cher aux Basques ; aux murs, quelques aquarelles, des cartes postales, dons d'amis ; devant des rayons de bois blanc, des toiles basquaises, rayées de rouge, font de somptueux rideaux ; un petit lit de fer comme celui des malades. Elle se remplira petit à petit des objets les plus hétéroclites : machine à écrire, livres ; outils de menuisier, graines de légumes et de fleurs ; livres de comptes et pièces de dossiers. Petite chambre où il vécut l'une des années les plus fécondes, à coup sûr, l'une des plus heureuses de sa vie.

Cinq pensionnaires étaient arrivés, et le facteur apportait chaque jour de nombreuses demandes d'admission : demandes aussitôt transmises par la préfecture au ministère... d'où elles ne ressortaient plus. On ne pouvait recevoir un malade sur la simple affirmation qu'il était réformé ; il fallait remplir des formalités pour être admis. Là-dessus, les autorités compétentes étaient d'accord. Mais quelles formalités remplir ? Chaque jour en ajoutait de nouvelles ; et pendant ce temps, les malades s'aggravaient, semant à tous vents leurs bacilles.

« Nos cinq poilus sont bons garçons et tranquilles... La discipline est débonnaire. Mais ce n'est que le commencement, et nous rêvons d'avoir bientôt quarante bonshommes, étiques et pâles, à engraisser et revivifier. »

Ils débarquèrent un matin de décembre, légèrement atteints pour la plupart, et non pâles et étiques, comme les rêvait Louis, mais viciés par des séjours prolongés dans les hôpitaux. Il fallait toute la fermeté de Peyrot pour faire prendre des habitudes de propreté méticuleuse, accepter un règlement de sanatorium à ces hommes « qui ne se croient pas malades » et goûtent beaucoup plus que la chaise-longue les stations dans les débits et les courses en montagne. Réunissez quelques mécontents, leur turbulance suivra une progression géométrique ; la lettre du règlement les blesse, ils ne veulent pas remonter à la raison qui la dicte ; ils se cabrent, s'ils sont d'allure franche ; dissimulés, tous expédients leur sont bons. Ils trichent sans comprendre qu'ils sont les premières victimes de leur mauvais vouloir.

Les premières stations sanitaires connurent ces rébellions, excusables souvent par l'incurie des directeurs. Le recrutement de Franclet ne fut pas différent de celui de ces stations. N'y hébergea-t-on pas jusqu'à des repris de justice ! Avec une douce ténacité, usant de persuasion avec les uns, d'indulgence avec les autres, mais ferme toujours, au besoin, n'hésitant pas à faire des exemples, Peyrot maintint l'ordre et la discipline. Aux plus turbulents, on demande un service ; ceux qui altèrent le bon état d'esprit par des réclamations continues et malsonnantes, on les ridiculise aux yeux des autres ; labeur ingrat dont il s'acquitta en somme brillamment et qui lui valut l'estime et l'admiration du petit nombre d'hommes sérieux qui se soignaient à ce moment-là.

Cette tension d'esprit, à laquelle s'ajoutait une paperasserie de plus en plus considérable, l'avait fatigué. Il était nerveux ; avec sa bonne grâce coutumière il l'avouait lui-même, un rien l'irritait.

Cependant, la venue d'un aumônier à Beaulieu lui avait été bienfaisante. Ancien malade, et par cela pitoyable aux malades, plein d'expérience et de dévouement, l'esprit large qui fait dire aux plus réfractaires : j'aime discuter avec cet homme-là, bienveillant et doux, il fut certainement pour Louis un conseiller précieux.

Et puis, tout se tasse. Les hommes ont pris un bon pli. La machine si dure à mettre en marche, il suffit maintenant de la pousser. Il est très occupé toujours, mais avec moins de contention.

« Chez nous ça va bien, toujours très occupés, mais nous avons maintenant plus de liberté. Des dames de Cambo viennent visiter nos malades ou raccommoder linge et vêtements avec une aimable assiduité ; l'aumônier vient aussi ; bref, la maison est très vivante. J'ai pris plusieurs repas avec mes hommes, la cuisine est bonne, ils sont très contents... Il ne reste plus qu'à construire la galerie de cure, faire engraisser D. et déterminer R. à se laisser faire des piqûres. »

16 *février*, à son ami V. — « Je suis très occupé, du moins pour un malade. Car tu ferais en une heure largement tout ce que je fais dans la journée. Maintenant que notre maison marche, il n'y a plus qu'à entretenir l'élan donné, ce qui est simple. Les ravitaillements sont simples, c'est toujours la même chose d'une semaine à l'autre, et les fournisseurs connaissent leur métier. Je n'ai qu'à tenir vaguement les comptes, faire quelques écritures « officielles » et, surtout, surveiller. C'est là la grosse besogne. Passer partout, tout voir, tout vérifier, rappeler l'un ou l'autre à

l'ordre, mettre le domestique au travail... Et quand c'est fini, ça recommence ! Il y a des jours où tu me verrais plutôt de mauvaise humeur. Aujourd'hui par exemple. On annonce une visite du sous-préfet. Je fais un tour dans la maison et je trouve une abondance inusitée de poussière et de toiles d'araignée. Pan ! Eng. le gosse de domestique. Bon, mais voilà ce malheureux qui éclate en larmes. Zut ! consolons le gosse. Rien à faire. Je prends un seau d'eau et termine moi-même le nettoyage. Arrive un photographe pour nous prendre tous en groupe. Il ne trouve pas d'emplacement convenable, et finit par se décider pour le jardin potager. Entendu. Arrive le sous-préfet. Flûte ! Salutations, etc. J'envoie chercher au plus vite. Palabres. Je laisse le sous-préfet aux mains de D. et retourne au potager. Sais-tu ce que je trouve ? mes bonshommes, mes trente bonshommes installés dans le seul carré où l'on ait bêché et semé des petits pois, il y a quinze jours. Hurlements ! Si la photo n'est pas ratée, ça sera encore heureux. Et peut-être qu'il sortira tout de même quelques petits pois. Tout arrive !

« Voilà ; eh bien ! tous les jours, c'est dans ce goût-là. Tu comprends que j'ai peu de temps pour écrire ! Pendant ce temps, ma santé est bonne, et même relativement très bonne. C'est une veine ! »

Le rôle de l'administrateur était plus important que ne le laisse entendre la modestie de cette lettre. A travers d'autres récits, on devine ses journées : ordonner les menus, pourvoir au ravitaillement de plus en plus difficile à mesure que la guerre se prolonge ; des malades se disputent, il faut rétablir la concorde ; une marchande offre sa marchandise, poing sur la hanche, le buste droit, corbeille de fruits sur la tête, il faut débattre des prix avec elle ; pièces ministérielles à remplir, dossiers à compléter... Il lui reste des loisirs pour apprendre le basque !

Les petits événements, comme ceux de cette journée, resserrent les liens entre la partie sérieuse de la bande et son chef, et maintiennent, avec les autres, une bonne entente. Ils se sentent chez eux, dans leur maison, tiennent à l'embellir, et surtout à faire plaisir à Peyrot. D'un coin du grenier surgit une salle de lecture ; les malades aiment à y venir, et éprouvent une joie fière à l'étonnement des visiteurs devant leur ingéniosité. Mais autant Louis avait de satisfactions avec les quelques hommes sérieux, autant les autres lui donnaient de tablature : c'était toujours à recommencer.

Entre temps, il avait fait défricher la terre inculte, où, derrière la maison, croissaient en tumulte orties et herbes folles ; dans le jardin des pommes de terre et des petits pois lui donnaient ses premières joies de jardinier ; joies matérielles seulement ; les pensionnaires actuels étaient difficilement éducables, et Peyrot voyait toujours dans le jardinage, comme en tout, l'œuvre moralisatrice d'abord. Pour distraire les malades autant que pour alléger le budget, des lapins revinrent dans la musette d'un permissionnaire ; on leur construisit un clapier avec de vieilles baguettes dorées ; la cage dorée des lapins devint la grande attraction de Franclet.

Menus incidents, tristes ou gais, — Louis, alors, de tout son cœur s'en amuse — qui mettaient à nu la limpidité de son âme, comme des nuages au-dessus d'un lac paisible, ou le vent léger qui soulève de petites vagues, nous font mieux apprécier la pureté de l'eau.

Enfin, ce qui n'avait été évité jusqu'alors que grâce à la douce fermeté du directeur se produisit : la bande, à qui pesait la discipline, saisit le prétexte d'un repas qui n'était pas à sa convenance, pour satisfaire ses appétits de liberté, et aller dîner en ville. Le lendemain, leurs trois mois étant écoulés, on réunit les mécontents. Cette maison si animée d'habitude avait l'air d'un poulailler au-dessus duquel plane un oiseau de proie, tous les volatiles pressés, regardant, inquiets, vers Beaulieu où se décide leur sort ; quelquefois un éclat de voix sur ce murmure discret. On les envoya rejoindre l'hôpital militaire ; Louis les y accompagne, on se quitte en bons termes. Il écrit, triomphant, qu'il va « extraordinairement bien ».

Le calme renaît. Les nouveaux venus, ravis d'entrer, au sortir d'hôpitaux militaires, dans cette maison où ils sont accueillis en amis, se prennent vite d'affection pour leur chef. Un peu figés, au débarqué, dans l'attitude militaire, ils se déraidissent flairant « un bon type », et bientôt plus qu'un bon type ; car leur confiance se nuança toujours de respect.

C'est alors que Peyrot donna toute sa mesure. Envoyant une photographie de ses malades, il écrira : « Voici nos deux groupes de poilus ; ils sont très gentils ; avec ceux-là, il est impossible d'être pessimiste vis-à-vis de l'humanité. » Eux, plus ou moins confusément, sentent en lui une personnalité supérieure, un malade comme eux, qui de toutes les forces qui lui restent veut soulager ceux qui souffrent, et en attentions délicates lui rendent cette affection. Des maçons, des menuisiers travaillent, chacun embellit la maison. Pour eux, c'est « la maison ». N'y ont-ils pas, pauvres dépaysés, retrouvé un peu de cette chaleur familiale qui leur manque ? Inconsciemment, ils défendent cet esprit de famille contre les « rouspéteurs » inévitables en les assouplissant ou en les ignorant.

On vient frapper à sa porte : une lettre est si difficile à tourner ! Un réformé des environs ne manquera jamais de venir le consulter en des cas difficiles ; comme à beaucoup, il lui semble qu'ouvrir cette porte c'est trouver la solution des difficultés contre lesquelles il se débat. Et puis, on revient quand on se sent l'âme grise, ou pour lui tenir compagnie, s'il est couché. « Bien qu'il aille à la messe et communie souvent, il n'est pas bigot et comprend bien les choses. »

Louis, cherchant le milieu entre la manière douce et la manière forte, ne sévissait que s'il y était contraint. Cela se passait en famille ; il partageait avec sa sœur la direction de la maison, et elle avait recours à son expérience de vieux malade, ou à son autorité, lorsque des hommes enjambaient le règlement ; lui venait et grossissait la voix, comme un père qui veut impressionner des enfants récalcitrants, et cela suffisait d'ordinaire. Douce collaboration qui donnait à la maison ce ton de paix joyeuse.

Coiffé d'un grand chapeau de jonc, comme celui des pensionnaires, Peyrot se promène avec eux au jardin, et s'instruit, docile, sur les variétés de légumes, le temps propice aux semailles. Source de revenus, ce jardin était maintenant l'orgueil des Franclétiens ; on s'arrêtait inlassablement devant des semis ou des planches repiquées, et Louis qui jusqu'alors s'était intéressé plutôt à des travaux d'ouvriers, se découvrait une âme rurale ; les limaces qui engloutissent ses carottes naissantes le navrent. Il met à cultiver ses légumes l'ardeur qu'il apportait au collège à préparer ses concours généraux. Dans ce jardin, il voulait de la poésie. Des fleurs, dues à la munificence des dames de Cambo et d'un Comité de Hollande, arrêtaient les passants sur la route par leur splendeur éclatante, et Peyrot les défendait pied à pied contre ses jardiniers plus utilitaires. Et cela donnait lieu à des discussions interminables, discussions qui mettent en relief l'intimité des malades avec Peyrot. Car s'il prenait un vif intérêt aux légumes et aux fleurs, cheminant dans les allées, il entrait dans ces jardins intérieurs des âmes dont l'attirance avait toujours été pour lui si grande ; fleurs dont il avait la garde, qu'il protégeait avec un soin jaloux des atteintes du froid, d'insectes malfaisants, et sur lesquelles il agit plus encore par ce qu'il est que par ce qu'il dit. Car, nul, plus que lui, ne fut respectueux de l'indépendance de son voisin.

« Ma santé résiste d'une façon inespérée, je suis aussi heureux qu'on peut l'être ici-bas », écrit-il à Pierre C. A ce moment, en effet, l'absence de fièvre, la bonne entente des hommes, lui permettent quelques promenades en auto. Bonne période interrompue au mois de mai par sa fièvre des foins. Il dut aller à Beaulieu se reposer ; mais sentir ses malades si près sans les voir, sa sœur seule avec eux, est au-dessus de ses forces. Et il retourne à Franclet, bien que dans sa chambre plus chaude il souffre davantage de son asthme. Après quelques jours, il va mieux cependant, et le Dr et Mme D., qui avaient en lui toute confiance, s'absentèrent. Ils étaient à peine partis, que des jaloux — inévitables où il se fait quelque bien — attaquèrent, avec autant de méchanceté que de maladresse, l'œuvre et les ouvriers. La réponse de Louis, à ce réquisitoire, énergique et nette autant que spirituelle, déconcerta les adversaires...

Il défendit toujours avec cette fougue ses idées et ses amis.

Sa poussée n'est pas finie :

« 22 *juin*. — J'ai toujours un peu de fièvre. Je voudrais pourtant bien me lever un peu pour laïusser aux hommes sur la façon de se soigner. J'ai fait venir un tableau noir de Bayonne pour illustrer mes leçons, ça va devenir très beau.

« 3 *juillet*. — Nous continuons de recevoir des malades, et cette fois la maison est au complet. Il devient ennuyeux que je doive garder le lit, car c'est un surcroît de fatigue pour Jeanne, et il y a dans la maison des choses qui restent en souffrance et qui ne se font pas. Aussi je suis décidé à me retirer et on va me remplacer... je crois qu'il vaut mieux que je laisse la place tout de suite à quelqu'un de valide. Mais ça ne me sourit pas du tout de reprendre la vie d'inactivité. Je ne pourrai donc jamais rien faire... »

Et dans ses notes intimes, même date :

« Je vais quitter mon poste à Franclet, et reprendre la vie de malade. Mon Dieu, je ne comprends pas vos vues, mais j'accepte et j'obéis. Donnez-moi la force, ayez pitié...

« 10 *juillet.* — Je vais décidément mieux... et j'espère que mon poumon étant définitivement décongestionné je pourrai me lever sans crainte de voir regrimper ma température. Comme dans la bousculade des derniers jours (inspections, malades graves) on n'a pas cherché de remplaçant pour moi, je voudrais bien pouvoir me lever bien vite et reprendre mes fonctions.

« 17 *juillet.* — Ma température baisse encore. Mais lorsque je me lève, ça monte toujours. Je commence à être crispé... »

Cédant aux instances de tous et de chacun, il s'était décidé à retourner à Beaulieu d'où il continuait à diriger Franclet tout en ayant l'esprit plus tranquille. Sa fièvre des foins est finie, ce repos l'a détendu. Il va mieux maintenant, et c'est surtout la crainte d'être remis en non-activité qui le rend nerveux. Aussi est-ce avec joie qu'il reprend son poste. Il peut même emmener les plus valides des malades déjeuner au bord de la Nive, et aller sans fatigue à Guéthary et à Saint-Jean-de-Luz en auto.

En mai avait paru une circulaire ministérielle, limitant à trois mois le séjour des réformés dans les sanatoria. Des malades avaient dû partir de Franclet qui n'étaient pas guéris, et rentrer à la ville ou sous un climat moins sain. Comment permettre à ces malades de continuer à bénéficier du climat, sinon en fondant la colonie de travail à laquelle il avait songé ? C'est ce plan ébauché qu'il mûrit : « Fournir aux convalescents, en même temps qu'une rémunération, le moyen de se réentraîner à l'activité musculaire ».

Fidèle à ses principes, Louis consulta les intéressés : élevage ? culture ? fabrication d'objets en vannerie, de meubles ? etc. On s'arrêta à l'élevage du mouton, d'un rapport meilleur, pour une petite mise de fonds, et nul apprentissage. Une ferme abandonnée, que l'on découvrait de Franclet à mi-colline, serait le premier abri de ces bergers. Peyrot ne parlait plus que de sa colonie ; il se documentait sur l'élevage du mouton dans le pays, et comptait bien profiter de sa liberté à Barèges pour approfondir le projet, le mettre au point. C'est à Barèges en effet qu'il se décidait à prendre ses vacances.

Son départ fixé au 18 août, il fit ses adieux aux malades, ayant conscience de laisser le sana comme une machine dont tous les rouages fonctionnent bien. Quoiqu'il dût le lendemain prendre un train matinal, on bavarda ce soir-là un peu plus tard que de coutume. Il emportait, pour occuper ses loisirs loin de son cher sana, un livre sur l'élevage du mouton.

Il venait de se coucher, quand une quinte de toux le secoua : c'était une abondante hémoptysie. Entre deux accès, il dit à sa sœur qui était près de lui : « Cette fois-ci, je crois que c'est la fin ». Et tous les deux le croyaient. Il était parfaitement calme ; grâce à cette maîtrise de soi, on parvint à enrayer l'hémoptysie. Vers minuit, quand il fut calmé, il nous dit : « Demain matin, il faudra prévenir M. le Curé ». On le rassura, tout danger immédiat était écarté. De nouveau seul avec sa sœur, il lui fit quelques recommandations, à voix basse, et par signes, puis resta immobile et silencieux jusqu'au matin, suçant de petits morceaux de glace. M. le Curé vint le voir (l'aumônier avait dû partir quelques jours avant), mais lui refusa l'Extrême-Onction : il n'était pas en danger. Après avoir été assoupi toute la journée, il fut très agité la nuit suivante, voulant que rien de ce qu'avaient conseillé les médecins ne fût négligé : comme si une ardente volonté de vivre avait succédé à la première secousse. Le lendemain fut meilleur ; il remerciait gracieusement chacun de l'empressement amical qu'on lui témoignait ; il ne voulait même pas qu'on éloignât les hommes de la maison par crainte du bruit, mais ils aimaient trop Peyrot pour n'être pas parfaitement silencieux. Quelques-uns d'entre eux, qui lui étaient plus spécialement dévoués, demandaient comme une grâce la faveur de le veiller.

Le dimanche, il allait bien. Il était très gai, comme s'il voulait laisser les siens sur cette impression de belle humeur. Il riait de si bon cœur qu'il lui fallait de temps en temps reprendre son sérieux pour ne pas tousser. L'inquiétude se dissipait ; ce serait long, sans doute ; ce n'est plus un mois de vacances qu'il faudrait, il prendrait tout le temps nécessaire, sans se soucier de la maison. Comme on avait laissé la porte entr' ouverte, les malades, qui ne l'avaient pas vu depuis trois jours, en passant, demandaient affectueusement de ses nouvelles. Après l'angoisse des derniers jours, c'était une détente.

Cette dernière nuit, son ami D. devait la passer près de lui. Ils bavardèrent encore, Louis toujours plein de flamme pour son dernier projet de colonie de travail. Au matin, il eut une légère quinte de toux, puis une seconde ; à peine le temps de serrer la main de son ami, il perdit connaissance. C'était cette fois-ci une hémorragie interne. Il eut à peine vingt minutes d'agonie.

Frappé en pleine vitalité, son désir était réalisé : Tomber au champ d'honneur ; verser son sang pour la France.

CHAPITRE IV

Louis Peyrot et la maladie
Les Coccinelles

> « Comme une mère caresse son enfant, ainsi je vous consolerai, dit le Seigneur. »
>
> (ISAIE, LXVI, 13.)

Ce jeune homme, mort si jeune et qui avait été si constamment éprouvé pendant sa vie, nous a laissé un bienfait inappréciable, qui lui fait remplir merveilleusement après sa mort le rôle actif qu'il s'était toujours désespéré de ne jamais pouvoir jouer pendant sa vie.

Voici quelle fut la genèse de la création de son *Union catholique de malades.*

Peyrot avait médité longuement sur la maladie, sur sa signification profonde, sur sa valeur surnaturelle.

« Dieu nous envoie la maladie, écrivait-il : 1° pour, nous frappant dans nos forces, nous ôter le moyen de céder à nos passions. « Si votre œil, si votre main, si votre pied vous scandalisent, arrachez-les et jetez-les au feu. » Dieu fait l'opération que nous n'aurions pas eu le courage de faire. : Si ta vigueur te scandalise, détruis-la. Car il vaut mieux pour toi entrer dans l'éternité sans yeux, sans mains, avec des cavernes dans tes poumons, infirme et sans muscles, que d'avoir un corps sain et bien développé, et d'aller au feu éternel. »

« 2° Pour nous enlever de la vie active, du monde, où nous étions emportés, roulés dans le fleuve des occupations ; pour nous donner le temps de réfléchir.

« 3° Pour nous obliger à penser à la mort, à cet événement si proche et si peu attendu, si effrayant et si oublié, si important et auquel nous n'attachons pas d'importance. Et pour que, ayant pensé à notre mort, nous apprenions à faire le départ en toutes choses entre celles qui meurent et celles qui sont immortelles, et celles qui ne meurent pas ; entre ce qui passe et ce qui demeure, entre le contingent et ce qui est nécessaire. La seule chose nécessaire.

« De façon que nous comprenions enfin le sens de la vie. »

Il éprouvait aussi de la joie à penser que la maladie le rendait plus semblable à ce peuple qu'il avait tant aimé :

« La maladie est une humiliation du corps. C'est encore une façon d'être pauvre que d'être malade. Pauvre de forces, de beauté physique. Privé de puissance musculaire, indigent de capacités musculaires, matérielles. Les forces, c'est un peu l'équivalent de l'argent. Je ne puis, faute de souffle, me donner le plaisir d'une ascension, par exemple. La même ascension, un pauvre diable ne la fait pas parce qu'il n'a pas l'argent qui la lui permettrait. En cela nous sommes frères par la privation. Mon frère le pauvre est dénué de bons et de beaux vêtements. Je suis dénué de bons et de beaux muscles. Mon frère le pauvre a souvent faim, il ne mange que des mets simples, grossiers, à bon marché. J'ai souvent faim de santé. Je dois me contenter de plaisirs très diminués, les distractions les plus utiles me sont souvent refusées. Mon frère passe sa vie dans la dépendance souvent lourde d'un patron ou d'un maître. Et moi, je suis sans cesse l'esclave de mon état physique. Nous sommes égaux par la servitude. Lui, ne connaîtra jamais les avantages, les plaisirs que donne la richesse. Moi j'ignorerai toujours le bonheur du mariage et de la paternité...

« Oh ! mon frère pauvre, c'est une consolation pour moi de te ressembler sur tant de points. Le parallèle m'agrée pleinement.

« Bienheureux les pauvres en esprit.

« Bienheureux les malades en esprit. Ceux qui ont accepté leur maladie, qui ont renoncé gaiement aux privilèges de la santé, parce que Dieu le leur demandait, par amour pour lui. Bienheureux ceux qui vivent leur maladie, ceux qui en acceptent tous les sacrifices, qui acceptent de vivre dans leur corps diminué, affaibli, infirme, dans l'austérité des restrictions imposées par la maladie, comme un moine dans une cellule, comme un ermite dans son désert, comme un pauvre dans sa vie de pauvre.

« Bienheureux les pauvres, parce que le royaume des cieux leur appartient. Et bienheureux les malades en esprit, car le royaume des cieux leur appartiendra aussi. »

Et ce sort de souffrance, d'épreuve et de consolation surnaturelle lui semblait préférable à tout autre.

« Quelle que soit la raison pour laquelle Dieu abandonne aux bien portants et aux riches la possession du monde et la charge du monde, — car ce sont eux qui brassent les affaires et administrent en quelque sorte le monde terrestre au temporel — il n'en reste pas moins que nous, les malades et les pauvres, nous avons la meilleure part. Car la liberté d'esprit que nous donne la maladie, la pauvreté, — le détachement, en un mot — fait que nous pouvons rester unis à Dieu, tandis que les autres se soucient. Les autres, comme Marthe, mettent le couvert et font la cuisine, les autres balaient, les autres s'occupent de bien des inutilités. Nous avons le rôle de Marie. Dieu nous aime mieux et nous garde près de lui pour causer avec nous. »

La souffrance lui plaisait parce qu'il l'offrait à Dieu :

« Seigneur, je me réjouis de ma faiblesse qui me rend lourdes les croix les plus petites, parce que, ainsi, pour chaque petite épreuve, j'ai davantage à vous offrir. »

Mais cette morale toute personnelle de la souffrance ne lui suffisait pas ; il en comprenait vite la valeur sociale, l'admirable dogme de la communion des saints lui apparut comme une vérité évidente et comme une consolation infinie :

« A Leysin, disait-il, il me semble qu'il y ait deux sortes d'éprouvés. Le plus grand nombre expie ses propres fautes. Le plus grand nombre est là parce qu'il était indispensable qu'on l'amputât de sa vie trop sensuelle, purement animale. Le plus grand nombre est semblable à un sauvageon greffé dont il a fallu couper le rejeton qui poussait à son pied, parce que là passait toute la sève, et que la greffe allait mourir, allait se dessécher. Mais il y a aussi quelques âmes d'élite qui n'ont pas grand'chose à expier, et qui souffrent pour les autres. Dieu les a prises avec lui pour porter sa croix, la croix qui profite à toute l'humanité. Ces âmes-là accomplissent, comme dit saint Paul, ce qui manque à la Passion du Christ. Elles sont ici comme sur un calvaire, et souffrent pour le relèvement de la France et de l'humanité. J'en connais qui sont perpétuellement éprouvés par la fièvre, les hémoptysies, les insomnies, les plaies, les opérations que leur cas rend nécessaires. Des jeunes, très purs, qui n'ont, pour ainsi dire, pas eu de répit pendant 18 mois, souffrant dans leur corps. D'autres, qui ont moins de courage et de pureté peut-être, et qui souffrent par intermittence, avec des récréations. D'autres semblent être éprouvés moralement, souffrir dans leurs plus nobles aspirations.

« Et puis, sans doute, il y en a de la première classe qui sont appelés à la rescousse, et qui, momentanément, s'ils en sont dignes, sont joints à la troupe d'élite. C'est leur récompense, comme une réhabilitation. Ils étaient là pour être châtiés ; on les appelle au plus rare des honneurs. Suis-je quelquefois au moins de ceux-là ? Comme des prisonniers ou des esclaves, dans une ville assiégée, qu'on armerait en désespoir de cause, parce qu'on manque d'hommes aux remparts, et à qui on offrirait là une occasion de se racheter. »

Et aussitôt, avec ce besoin de se dévouer aux autres qui ne l'avait jamais quitté, il cherchait comment il pourrait leur faire religieusement ce bien qu'il ne pouvait plus leur faire activement.

« Le malade peut être utile aux autres : — 1° Par la valeur surnaturelle de ses souffrances, utilisées par la communion des Saints. — 2° Parce qu'il peut exercer un apostolat spécial auprès des autres malades, et en général de ceux qui souffrent, étant seul au courant de leurs états d'âme. — 3° Il peut accomplir les œuvres de miséricorde à l'égard de ses compagnons (visiter les malades, vêtir et nourrir et désaltérer ceux de ses compagnons qui sont dans le besoin, donner des conseils, encourager, *prier pour les autres* : vivants, agonisants ou morts). — La maladie est un privilège, à coup sûr, puisqu'elle nous mène progressivement à l'union intime avec Dieu, en nous ôtant tout autre souci, toute préoccupation autre que Dieu. J'en reviens à la comparaison du sauvageon greffé dont on coupe les rejetons pour que la greffe prospère en absorbant toute la sève. »

Il avait maintenant une expérience directe, un sentiment personnel du surnaturel et il voulait ne pas être seul à goûter cette joie.

« Il y a certainement des miracles ou plutôt des interventions surnaturelles ou mieux encore une éminente collaboration surnaturelle dans notre vie. Nous vivons dans une atmosphère surnaturelle, mais nous ne nous en rendons pas compte. Nous sommes obligés d'y réfléchir pour la voir. De même que ce n'est qu'en réfléchissant que nous prenons conscience de l'atmosphère aérienne. Et nous sommes très surpris, lorsque certains événements, tout à coup, nous mettent le surnaturel sous les yeux.

« Nous voyons le surnaturel divin, en général, lorsqu'il heurte le surnaturel satanique. La foule ne le voit que dans ces circonstances. Dans les guérisons miraculeuses, dans l'apaisement subit des tempêtes. Mais la Providence intervient, ou *agit* bien plus continuellement. La multiplication des pains est un miracle bien plus grand que la marche de Jésus sur les eaux. Dieu nous fait vivre, nous ne nous en apercevons pas. Dieu se laisse entrevoir, nous sommes éblouis, bouleversés. Manque de réflexion. »

Il sentait réellement la grâce agir en lui, la grâce qu'il se représentait sous cette forme si poétique et si vraie :

« La grâce est un pollen divin qui, tombant sur notre âme et la pénétrant, la féconde, y crée un germe. Ce germe, formé de notre âme fécondée par l'influx divin, se développe comme l'ovaire de la fleur devient un fruit. Ici-bas nous sommes fleurs. La mort est comme la chute des pétales brillants de la fleur, comme le dessèchement de la fleur. Dans l'éternité, nous sommes fruits, possédant pleinement Dieu.

« Les âmes mourant en état de péché mortel ne seraient autres que des fleurs se desséchant sans avoir été fécondées, restant stériles pour l'éternité. »

Or il éprouvait une grande pitié à voir ces fleurs desséchées. Il voulait tout faire pour qu'elles fussent fécondées.

Il entretenait une abondante correspondance, qui s'adressait naturellement souvent à des malades. Il écrivit ainsi un jour à un de ses amis, qui, se sentant mieux, avait essayé de reprendre une vie normale, mais avait bien vite senti l'insuffisance de ses forces, une lettre admirable, où il dévoilait tout le fonds de sa pensée.

Voici cette *lettre à un malade* :

I

Tu m'écris, mon cher Paul, que ton séjour parmi les tiens, s'il t'a donné des joies douces, t'a valu des peines imprévues. Tu venais de passer des mois dans un sanatorium, ne voyant que des malades comme toi, et des gens dont c'est le métier ou la vocation de leur apporter les soins et le réconfort. Tu y vivais, en somme, assez heureux, parce que tu te sentais l'un des moins atteints et que tu attendais la guérison avec confiance. Et voilà que, rentré dans ta famille pour de courtes « vacances », tu t'es retrouvé soudain parmi des gens pleins de santé, et tu as mesuré la profondeur de ta déchéance physique.

Là-bas au sanatorium, tu étais l'un des plus valides ; c'est toi que les camarades condamnés sans restriction au lit ou à la chaise-longue, priaient de faire leurs menues commissions, de porter une lettre à la poste, ou d'acheter le journal. Et tu t'y prêtais volontiers parce que tu as bon cœur et qu'il te plaisait d'éprouver ta supériorité relative.

Mais aujourd'hui, tu fais d'autres comparaisons. Tu es allé, me dis-tu, te promener dans la campagne, tu as vu des paysans faucher les blés mûrs, et cette idée, comme un coup de couteau, est entrée en toi, que jamais, jamais plus, quel que soit le degré de guérison que tu atteignes, tu ne serais capable d'un pareil effort musculaire. Le sort de ces hommes, que tu aurais sans doute autrefois dédaignés, t'a semblé digne d'envie.

Aussitôt, tu as essayé de compter les professions qui te sont pour toujours interdites : elles t'ont paru innombrables. Tu as cherché à quoi tu pourrais employer ta vie diminuée, et tu n'as pu imaginer de carrière à ton goût, car les seules qui t'attirent, maintenant, sont celles que tu es incapable de poursuivre.

Alors tu t'es caché dans un coin pour pleurer, car personne autour de toi, pensais-tu, aucun bien portant n'aurait su te consoler de ta peine.

Écoute-moi donc, j'ai passé par cette épreuve.

Pourquoi envies-tu la santé, puisque tu sais combien

c'est un don fragile ? La vieillesse, à défaut de la maladie, en a rapidement raison. Tu es chrétien. Pourquoi te parlerais-je autrement qu'à un chrétien ? La chair n'est que le vêtement de l'âme. Qu'importent, si le corps est beau, les haillons qui le couvrent ? Si ton âme est saine, et forte, et belle, qu'importe l'infirmité de ton corps ?

Le corps s'use comme un vêtement. L'âme demeure.

La mort, c'est ça : l'âme se déshabillant.

Ah ! je comprends que certaines âmes redoutent de paraître nues : les sales, les contrefaites, celles que le vice a mutilées, déshonorées de ses plaies repoussantes. Le corps dissimule ces tares comme les toilettes des bons couturiers, par des rembourrages adroits, escamotent les difformités des poupées mondaines... Mais les autres, les âmes bien faites, ne devraient-elles pas désirer le jour de la grande lumière ?

...Tiens, mon idée va te sembler saugrenue... Mais tu ne m'en voudras pas d'une plaisanterie lâchée au travers de cette dissertation !

Je m'imagine le jugement dernier comme un formidable conseil de révision où Dieu choisira des recrues pour son service éternel !

Nous ne penserons pas, ce jour-là, aux oripeaux que nous aurons quittés dans le vestibule ! Car les élus revêtiront des corps glorieux, — inusables !

Au fait, pourquoi la maladie prépare-t-elle à la mort ? C'est qu'il n'est guère agréable de vivre dans un corps en guenilles. Suppose un gueux en haillons jeté dans une île déserte. Il se résignerait plus facilement qu'un autre à la nudité. Il allait déjà pieds nus, tête nue ; on lui voyait la peau par tous les trous de sa défroque... Un peu plus nu ou un peu moins !...

Et nous ? un peu plus morts ou un peu moins !

...Si tu montres cette lettre à quelque sceptique, il s'écriera sans doute, comme le bonhomme Chrysale :

« Guenille si l'on veut, ma guenille m'est chère ! Je sais trop, hélas ! que mon corps bien portant pourrira comme votre corps malade dans l'égalité des cadavres... Mais que ce soit le plus tard possible ! En attendant, je ne changerais pas avec vous ! »

Alors, mon cher Paul, dis-toi que le bonhomme Chrysale était un bourgeois. Il en faut, de ces gens-là, et qui aient des santés solides, parce que ce sont eux que Dieu charge de la grosse besogne terrestre : ils brassent les affaires du monde, ils achètent, ils vendent, ils calculent, ils démolissent, ils intriguent, ils ambitionnent... Comme cette brave Marthe de Béthanie, la sœur de Lazare, ils se donnent un tas de soucis...

Nous autres, cependant, nous dont le corps végète, nous avons le loisir, si nous le voulons, de vivre par notre âme dans l'intimité de Dieu.

Si le Seigneur nous a envoyé la maladie, vois-tu, c'est pour que nous ayons le temps de rester à causer familièrement avec Lui, — pendant que les autres mettent le couvert.

Va, mon cher Paul, c'est nous qui avons la meilleure part, elle ne nous sera point ôtée.

C'est alors qu'il fit connaissance avec l'œuvre protestante des Coccinelles, fondée par Adèle Kamm deux ans auparavant. Elle groupait une soixantaine de malades qui voulaient s'entr'aider à supporter leurs souffrances, se consoler et s'encourager mutuellement..

La vie de cette petite sainte protestante plut infiniment à Louis Peyrot. Il lut l'ouvrage que lui avait consacré P. Seippel ; il lut la brochure d'Adèle Kamm : *Joyeux dans l'affliction* : il se mit en rapport avec les Coccinelles et bientôt en novembre 1913 il se fit inscrire dans l'Association.

Il fut tout de suite rattaché à un groupe et il écrivit dans un cahier. Voici le premier message qu'il adressa ; après s'être présenté suivant l'usage, il affirma de la façon la plus catégorique ses idées religieuses qui pouvaient le séparer un peu des Coccinelles. Mais dans ces premiers temps il n'éprouvait que tout le charme de ces nouvelles amitiés :

Leysin, 10 *décembre* 1913.

Chers amis que je ne connais pas encore, je veux avant tout vous dire ma joie d'entrer dans votre union des Coccinelles. Je viens de lire et de relire la vie de votre fondatrice, Adèle Kamm, et je me réjouis de retrouver quelque chose d'elle dans l'œuvre qu'elle a fondée. Et puis l'on dit que l'union fait la force et j'ai hâte de puiser dans l'union des Coccinelles un renouveau de forces pour porter plus allègrement la croix de la maladie. Je sais que je serai accueilli à bras ouverts et déjà, dans cette assurance, je trouve du courage.

Donc, suivant l'usage de l'Union, je me présenterai brièvement aux Coccinelles. J'ai tout près de vingt-six ans et je suis tuberculeux depuis le mois d'août 1906. A vrai dire je n'eus à cette époque qu'une atteinte légère que deux mois de grand air suffirent à réparer. J'étais si bien guéri que je pus m'engager pour faire mon service militaire au mois d'octobre suivant. Mais au bout de trois mois de service une grippe, qui se transforma en bronchite tuberculeuse, faillit m'emporter en quelques semaines. Pendant plus de cinq mois, je gardai le lit avec une fièvre qui variait entre 38 et 39 degrés.

J'étais solide et je résistai. Mais dans quel état ! Au mois de novembre suivant on m'envoya à Leysin que je n'ai guère quitté depuis, que pour passer quelques mois d'été chez mes parents en France.

Actuellement j'ai retrouvé une sorte de santé, fréquemment interrompue par des accès de fièvre. Le poumon qui me reste à peu près intact me permettra si Dieu le veut, de mener une vie prudente et limitée. Pour le moment je me trouve infiniment heureux, de quitter la chaise-longue quelques heures chaque jour dans les bonnes périodes.

Il me faut ajouter, et vous me connaîtrez, que je suis français, catholique et que, lorsque ma maladie m'a interrompu, je commençais des études de médecine.

Deux mois après il écrivait :

Leysin, 3 février 1914.

Vraiment les cahiers des Coccinelles sont un trésor sans cesse accru et celui qui entre dans l'Union ne se rend compte que peu à peu de la chance qu'il a. Vous verrez, chères Mlles L. J. et C. B., tout le réconfort que vous allez trouver parmi les Coccinelles. Je suis, comme vous, tout nouveau venu, mais déjà il me semble être un vieil habitué tellement j'ai été gentiment accueilli. Je suis sûr que vous aurez tout de suite la même charmante impression.

Au mois de mai, il rentrait dans sa famille à Néris et, tout plein encore de son sujet, il acceptait sur la demande d'un mariste de Montluçon avec qui il était lié, de préparer sur Adèle Kamm et les Coccinelles une conférence qu'il fit en effet au collège de Montluçon le 11 mai 1914.

Expliquant l'idée qui avait présidé à ce groupement de plusieurs malades, « c'est pour s'entr'aider, disait-il, à supporter leurs souffrances, c'est pour se consoler et s'encourager mutuellement qu'un certain nombre d'entre eux ont formé l'union des « Coccinelles ».

« L'idée vient d'Amérique. Là-bas, un journal constitue le lien entre les malades alités, dont la plupart ne se sont jamais vus. Car il ne s'agit pas de mettre en relations les seuls malades d'un sanatorium, mais ceux de toute une ville, de toute une région.

« Les « Coccinelles » de Suisse ont modifié la méthode. Elles se servent de cahiers qui circulent par la poste et où chacun, à tour de rôle, écrit ses impressions, ses joies, ses défaillances. On apprend ainsi à se connaître, et à s'aimer. On se console, on s'encourage, et, qui, mieux qu'un malade, serait à même de réconforter un autre malade ? Il s'établit des relations intimes de tel à tel correspondant qui sympathisent davantage ; les plus valides visitent les immobilisés. Et il arrive que les meilleurs élèvent à leur suite les moins résignés ; il arrive que ces âmes, aiguillonnées par les épreuves, jetées hors d'elles-mêmes par la douleur, s'unissent par leurs aspirations les plus hautes et gravissent ensemble, l'une à l'autre appuyée, les chemins difficiles de la perfection.

« Les « Coccinelles » sont divisées en groupes géographiques, subdivisés eux-mêmes en sections de dix ou douze membres. Chaque section a son cahier, qui est communiqué, une fois terminé, aux sections voisines. Chaque groupe est administré par deux directrices, qui écrivent dans tous les cahiers de section.

« L'union se compose surtout de jeunes filles et de protestantes. Mais elle ne s'inquiète ni des confessions, ni de la nationalité, ni du sexe, ni de l'âge, ni du rang social, et elle compte, en fait, un certain nombre de jeunes hommes, des catholiques, des juifs, et des libres penseurs, des riches et des pauvres, des Suisses, des Français, etc.

« Les détails d'organisation attestent la délicatesse féminine des fondatrices.

« En ouvrant les cahiers, vous trouverez, collée

sur la face interne de la couverture, une enveloppe ouverte qui contient des timbres et porte cette inscription : « Timbres à la disposition des Coccinelles qui préfèrent ne pas prendre à leur charge les frais de port des cahiers ».

« A la première page, un règlement demande une cotisation d'un franc par an, qui n'est pas obligatoire et qu'on est prié d'acquitter dans la mesure où on le peut, en fournissant des timbres à l'enveloppe.

« Le règlement invite encore « à donner des nouvelles de sa santé et à demander l'appui spirituel de la Société quand on traverse des jours particulièrement difficiles ou douloureux ». Il insiste pour « qu'on ménage l'intimité des cahiers en ne les montrant qu'aux parents très proches et à de très rares amis ».

« Enfin, je note cet article d'une très pratique charité : « Prière de ne pas envoyer le cahier le samedi « ou le dimanche matin, afin de ne pas charger la poste « ce jour-là ».

« Les messages sont, en général, gais et courageux. Ils forment ensemble, une atmosphère de saine bonne humeur dont chaque lecteur profite. La plupart des correspondants ajoutent à leur message une citation tirée de leurs lectures. L'un copie, par exemple, cette phrase de Félix Bovet : « Il me semble que Dieu agit avec moi comme je ne sais plus qui, lequel, lorsqu'il mettait son enfant aux arrêts, s'enfermait avec lui pour lui tenir compagnie... »

« Les Coccinelles, disait-il encore, ont été fondées en 1900 par Louise Dévenoge et Adèle Kamm. Ce sont deux jeunes protestantes, qui moururent à deux jours de distance en 1911, après avoir souffert, toutes deux, de la tuberculose.

« Louise Dévenoge était née à Genève en 1877. Elle était d'une humble condition et dut lutter à la fois contre la maladie et contre la pauvreté. Sa mère mourut alors qu'elle n'avait que trois ans. Elle ne reçut pas les soins que sa santé chétive eût exigés. Elle ne connut pas la tendresse que son cœur aimant appelait. Son enfance et sa jeunesse furent dénuées de joie. Après avoir reçu une instruction insuffisante à l'école primaire que, souffrante, elle ne put pas fréquenter régulièrement, elle entra en apprentissage chez une giletière. Sa patronne la traitait de paresseuse alors qu'elle était à bout de forces. Comme sa maladie s'était aggravée, on l'envoya à l'asile Dollfus à Cannes. Puis, elle fit des séjours chez des paysans à Pressy, à Choulex et dans le canton de Vaud. Elle fut mise en traitement dans les hôpitaux de Genève et de Lausanne. Ses deux jambes étaient paralysées. Elle avait été déclarée incurable.

« Mais la maladie, loin de l'abattre, augmenta sa force morale et l'affina. Ses souffrances, courageusement acceptées, développèrent sa foi religieuse. Elle cultiva de son mieux son intelligence. Elle exerçait une influence bienfaisante sur les autres malades, leur apprenant par son exemple, par le contact de sa forte personnalité, à souffrir avec résignation. « Elle n'était pas égoïste, écrit une de ses amies. Elle pensait toujours, dans sa faiblesse, à faire plaisir à d'autres malades. Je l'admirais de pouvoir faire de petits ouvrages, ce qui la fatiguait beaucoup. Ce n'est pas facile de travailler lorsqu'on ne peut pas mouvoir sa tête à volonté, et qu'elle tombe de tous côtés lorsqu'elle n'est pas appuyée... Combien de fois l'ai-je trouvée dans une position critique, sa tête ayant roulé de dessus l'oreiller. Elle attendait patiemment que quelqu'un vînt à son secours... Dans cet état de dépendance complète, elle avait appris à être contente de son sort. Sa gaieté ne se démentait pas, bien qu'elle sût qu'il n'y avait pour elle aucun espoir de guérison. Elle s'était arrangé une petite vie où toutes les heures étaient employées utilement, pour peu que la souffrance lui laissât quelque répit. » L'énergie de Louise Dévenoge était surprenante. Ayant perdu l'usage de la main droite, elle apprit à écrire de la main gauche et conserva, jusqu'à la fin, son activité. Elle avait, d'elle-même, appris l'anglais et lisait régulièrement un journal qui sert d'organe à une union de malades américaines. C'est ce qui lui donna l'idée de fonder en Suisse, une pareille association.

« Elle fit part de cette idée à une autre malade, Adèle Kamm, qui en fut enthousiasmée et en assura la réalisation.

« Adèle Kamm appartenait à une classe sociale plus élevée que Louise Dévenoge. Son père possédait un des hôtels les mieux achalandés de Lausanne et son grand-père maternel avait été député de cette ville au grand conseil du canton de Vaud. Elle vient d'être, si l'on peut dire, mise à la mode par une biographie de M. Paul Seippel, à laquelle j'emprunte la plupart des détails de cette causerie.

« La vie d'Adèle Kamm, très brève, fut, en dépit de la maladie la plus cruelle, prodigieusement remplie. A six ans, elle fut atteinte une première fois de tuberculose. Le jour de sa Première Communion, toute grelottante de fièvre, elle priait Dieu que « ce qui lui restait de vie fût employé utilement ». Sa santé s'était cependant consolidée, et elle venait de se fiancer lorsque le mal reparut et s'empara définitivement de son organisme. Depuis lors, son état empira constamment malgré des cures dans différentes stations d'altitude en Suisse, puis au bord de la Méditerranée. Après les poumons qui avaient été attaqués les premiers, les vertèbres cervicales et dorsales devinrent le siège d'abcès extrêmement douloureux ; puis les intestins se contaminèrent. Lorsque le mal paraissait rétrograder sur un point, il s'aggravait ailleurs. Si l'on guérissait une pleurésie, on avait affaire, aussitôt après, à des crises d'arythmie du cœur. Quand une hémoptysie s'arrêtait, la fièvre tourmentait à son tour la pauvre malade.

« Elle s'éteignit à vingt-cinq ans après une très longue agonie. « C'est bien difficile de mourir, disait-elle. » Aux derniers moments : « Es-tu prête, dit-elle à sa mère ? Moi, je le suis. Je me réveillerai dans le ciel. Ne pleurez pas, promettez-le-moi. Songez à mon bonheur ».

« Pourtant, elle se réveilla quelques heures plus tard. Elle fut presque douloureusement surprise de se retrouver au monde. Ne voulant pas faire de peine aux siens, elle leur dit : « Ne croyez pas que je ne sois pas heureuse d'être encore un peu auprès de vous ».

« On cherche à se figurer ce que dut être pendant ces six dernières années l'existence de cette malheureuse jeune fille, arrachée au bonheur que sa main, déjà, croyait atteindre, — contrainte en l'espace de quelques mois de renoncer à toutes les joies de la jeunesse et de la santé et de se considérer comme à jamais invalide, — perpétuellement alitée désormais, livrée sans répit aux pires tortures en même temps qu'aux découragements les plus amers...

« On l'imagine, fascinée par l'image horrible de la Mort, descendant, de déception en déception, vers l'abîme des désespoirs... On la voit tantôt obligée de rester assise dans son lit, des nuits et des jours interminables, à cause de la pleurésie qui l'oppresse, tantôt étendue à bout de forces et la nuque appuyée, en raison de ses abcès sans cesse renaissants, sur un petit oreiller de glace...

« Et l'on apprend qu'elle estimait sa destinée si heureuse qu'elle n'en aurait voulu changer pour rien au monde : on lui entend proclamer que la joie est un devoir et on la voit prêcher d'exemple. On lit avec stupéfaction le récit des entreprises charitables qu'elle a menées à bien.

« La fondatrice des « Coccinelles » est également intéressante par ses idées.

« Au contraire de l'opinion protestante qui veut que Dieu soit « étranger à nos maux injustes » et se tienne seulement près de nous pour les soulager, Adèle Kamm pensait, comme nous autres catholiques — et cela est assez remarquable — que Dieu nous *envoie* la souffrance d'abord afin que nous accomplissions dans notre chair ce qui manque à la Passion du Christ, et ensuite pour achever par la douleur l'éducation de nos âmes.

« A la lumière de cette double vérité, le rôle de la maladie et la vocation des malades prennent une valeur inattendue. Les malades ne sont plus des infortunés brutalisés par l'aveugle Destin, ils sont des expiateurs. Pour reprendre encore une parole de l'apôtre, ils sont d'autres Christs.

« Ils paient des dettes personnelles ; ils souffrent pour les fautes de leurs ascendants, — car les liens du sang nous engagent dans une solidarité morale, et, comme dit l'Écriture, si les pères ont mangé des raisins verts, les dents des fils en sont agacées jusqu'à la septième génération ; enfin, ils expient pour l'humanité entière. Non seulement, ils ne sont pas hors de la vie du monde : mais même ils en assument en partie la besogne la plus difficile, la plus indispensable, car ils contribuent à rétablir à tout instant l'équilibre entre les crimes du siècle et la Justice divine. Auprès de l'immense armée des moines et des religieuses, entraînés dans les cloîtres aux plus dures batailles contre le Péché, ils sont comme une troupe d'irréguliers équipés sommairement, qui harcèlent l'ennemi dans des escarmouches et achèvent sa déroute, quand les plus grands coups ont été portés.

« Seulement, l'effort expiatoire ne se voit pas. La foule des sceptiques et des indifférents l'ignore : il se passe en marge de la vie sensible, derrière des apparences misérables, — comme qui dirait dans les coulisses du monde visible dont il soutient la bruyante et superficielle existence.

« Nous portons notre croix : notre croix nous élève.

« La souffrance est l'école du renoncement.

« Je puis dire, écrit Adèle Kamm, que Dieu a « dirigé ma vie vers un but très marqué, l'actuel, « et cela avec un tel ménagement, une délicatesse « si exquise, amenant petit à petit chaque souffrance, « sans brusquerie, avec tous les différents décors « voulus pour en faciliter l'incubation, jusqu'à ce « qu'enfin, je sois rivée à mon lit, pour être un ins- « trument entre les mains de Dieu. Aussi je vais « de l'avant, quoique j'eusse préféré passer inaperçue, « je veux être vaillante, et accepter même les respon- « sabilités qui me semblent bien lourdes pour mes « forces morales et physiques, et, puisque mon influence « sur la terre doit être celle de la Foi dans la maladie, « je l'accepte avec reconnaissance, j'en remercie tous « les jours Dieu, en le suppliant de me soutenir dans « cette voie, la plus belle qui existe, de le glorifier « dans la maladie, et d'amener, par ce moyen, des « âmes à la Foi. »

« Non seulement notre Père céleste mesure avec tendresse les souffrances qu'il nous envoie, mais il nous réserve, à chacun de nos pas en avant, une récompense qui en efface la peine. Le chemin de la perfection qui paraissait, d'en bas, hérissé d'épines, se trouve, à mesure qu'on le gravit, bordé de fleurs.

« Adèle Kamm a cueilli ces fleurs avec ravissement.

En voici une dont le parfum inouï surprend la grossièreté de nos sens :

« Nous trouvons, écrit notre malade, une douce « consolation à vivre de la vie des gens du peuple « par les renoncements. Nous pouvons comprendre « leurs révoltes accumulées et nous dire que nous « vivons avec eux, non seulement en paroles, mais « par notre vie vécue... Il y a une certaine joie à ne « pas être toujours dans les privilégiés. Et maintenant, « les privilégiés ne me font plus envie. Je crois que « vraiment, je ne pourrais plus jouir de mille choses « après avoir connu les joies pures que je connais, « et avoir vécu la vie du sacrifice. »

« Voilà de quoi lâcher les rires épais des matérialistes pour qui le bonheur, c'est l'aveugle satisfaction de tous les besoins. Et voilà de quoi soulever du même coup les clameurs distinguées des néo-positivistes pour qui le mépris du peuple est un dogme.

« Que nous importe ?

« La vérité est là. Le sacrifice nous affranchit de nous-mêmes qui sommes de tous nos maîtres le plus tyrannique. Le sacrifice, — et lui seul en est capable, — nous donne la Liberté. Seul est libre celui qui est détaché de tout sur la terre, celui qui ne tient à rien : pas même à son corps, pas même à la prunelle de ses yeux, pas même à sa vie. Seul est libre, celui qui n'a rien à perdre, — que son âme, parce que son âme, nul n'y peut toucher malgré lui.

« Plusieurs diront sans doute : Cette vie d'Adèle Kamm est admirable. Les Coccinelles sont une association intéressante ; la souffrance, évidemment, joue dans le monde, un rôle considérable. Mais enfin tout cela ne nous touche que de loin, nous qui sommes bien portants.

« Je crois qu'on se tromperait à parler ainsi. L'intérêt profond et universel d'une vie comme celle d'Adèle

Kamm, c'est qu'elle renverse par ses enseignements l'échelle des valeurs mondaines.

« Vous avez appris, enseigne-t-elle, vous avez appris « que le monde dit : Ne compte que sur toi-même. « Travaille pour toi d'abord. Fais-toi une place au « soleil.

« Et moi, je vous dis : Oubliez-vous, vous-mêmes. « Vivez pour faire vivre.

« Vous avez entendu déclarer que le bonheur est dans « l'indépendance, dans la richesse et dans la santé.

« Et moi, je vous dis qu'il est doux de se renoncer « comme font les pauvres en esprit, parce qu'ainsi, « nous ressemblons deux fois au Christ.

« On vous a montré la mort comme un anéan- « tissement effroyable.

« Si vous aviez trouvé comme moi la certitude « dans l'amour, vous jugeriez aussi que la vie et « la mort sont une même joie.

« Enfin, vous avez vu le troupeau des pessimistes « geindre sur le malheur des temps, sur leur destin, « que sais-je ? Foin de ces tueurs d'énergie ! Ayez « confiance. N'avez-vous pas un père dans les cieux ? « Je vous le dis. Agissez. Vivez joyeusement... »

« Voilà ce que l'exemple d'Adèle Kamm enseigne à tous, malades et bien portants. Et il faut bien qu'elle ait raison, la petite invalide, car si la vie n'avait pas ce sens surnaturel, la vie ne serait qu'une épouvantable vanité. »

Dès ses premiers messages aux Coccinelles, il fut tout naturellement amené à parler de ses idées sur la maladie et sur la valeur surnaturelle qu'il attribuait à la souffrance.

Leysin, 3 février 1914.

« Nos âmes sont pareilles à des sauvageons sur lesquels le Seigneur se plaît à enter une greffe divine. Toutes nos forces devraient tendre à vivifier cette greffe, c'est en elle qu'il nous faudrait croître, car c'est en elle seule que nous porterons du fruit. Malheureusement nous cédons à ce qu'il y a de pire dans notre nature. Du pied de l'arbre partent des rejetons qui absorbent toute la sève et la greffe dépérit.

« Alors vient le divin jardinier. Il lui en coûte de blesser l'arbre, car il l'aime. Mais parce qu'il l'aime, son arbre, il n'hésite pas ; et, un à un, il coupe, net, les rejetons. L'arbre gémit, la sève coule de la section fraîche comme le sang d'une plaie ; mais la greffe est sauvée.

« Ainsi pour couper court à nos déportements, Dieu nous envoie la maladie, l'infirmité, les épreuves multiples, tout ce qui ampute notre vie mondaine au profit de la vie de notre âme. Car il vaut mieux entrer dans l'éternité avec seulement un œil ou une main, avec un pauvre corps misérable que d'avoir un corps intact et vigoureux et de descendre, maudit, dans le feu qui ne s'éteint pas. »

Leysin, 17 mars 1914.

«... Qui de nous, hélas ! ne compte parmi les siens un père, un oncle, un frère, un ami égaré ? Eh bien, il est certain que nous pouvons beaucoup pour eux, en expiant leurs fautes et aussi en intercédant pour eux. Car songez comme le Bon Dieu doit exaucer bien plus facilement nos prières, à nous qu'il est obligé pour notre bien de faire souffrir. C'est un peu comme une maman qui veut faire prendre une purgation à son petit : elle lui accorde bien volontiers la satisfaction d'un petit caprice s'il prend courageusement la purge.

Il m'en coûte de vous quitter ici peut-être pour toujours, chères Coccinelles amies. Si peu de temps que je vous aie connues, je me suis attaché à vous plus que vous ne le supposez sans doute. Mais nous ne serons jamais plus séparés, je l'espère, dans le domaine des âmes, puisque nos cœurs continueront à battre pour la même cause et pour le même Dieu.

Le passage de Louis Peyrot aux Coccinelles fut en effet très bref. Sa foi était trop vive et le secours qu'il en recevait pour mieux supporter ses souffrances était trop certain pour qu'il ne reconnût pas bientôt que l'idée qui avait inspiré les fondatrices des Coccinelles serait beaucoup plus efficace si elle pouvait être réalisée avec l'aide du sentiment catholique.

L'idée de la communion des Saints, de la réversibilité des mérites n'est généralement pas admise par les protestants ; la différence des confessions religieuses pouvait empêcher les sympathies de devenir très profondes, les conseils d'être très efficaces. Il lui sembla au contraire que cette organisation des Coccinelles, pourrait acquérir une valeur beaucoup plus grande, si elle était appliquée dans un milieu purement catholique, qu'une association de prières, une mise en commun des ressources morales venant de l'acceptation joyeuse de la maladie donneraient aux catholiques qui se grouperaient ainsi une aide infiniment précieuse. Il fut à ce moment sollicité de correspondre avec un malade qui se trouvait très isolé. Il vit là une coïncidence providentielle et aussitôt il conçut l'idée d'un groupement autonome.

« Les cahiers ne sont pas seulement un exutoire, un journal intime ou une tribune d'où l'on donne des conseils en pontifiant..., écrivait-il alors à son ami Jean G. Supposez — cela vous est déjà arrivé moult fois — qu'on vous prie de rendre visite à un malade de votre sanatorium qui s'ennuie et a besoin d'être réconforté. Vous imaginez parfaitement ce que vous lui direz pour le *distraire* d'abord, lui faire voir les bons côtés de la maladie, lui faire espérer sa guérison, l'inviter dans tous les cas à la patience et, à l'occasion, adroitement lui montrer le Ciel et *les raisons surnaturelles* de souffrir. Cela, vous avez très bien su le faire. Et vous concevez facilement qu'on puisse le faire par écrit quand la distance interdit les visites. »

Après s'être assuré du concours de plusieurs de ses amis, il se décida à fonder l'*Union catholique de malades*.

Il ne le fit pas cependant sans en avoir très loyalement averti les directrices des Coccinelles, qu'il abandonnait malgré toute la sympathie et toute l'admiration qu'il conservait pour l'œuvre d'Adèle Kamm ; il leur expliqua très sincèrement les raisons pour lesquelles il lui semblait souhaitable de créer une œuvre nouvelle.

« Soyez convaincue, écrivait-il le 6 avril 1914 à Mlle B., que j'estime profondément les Coccinelles telles qu'elles existent, que je les crois, que je les sais capables de faire le plus grand bien et que j'ai puisé moi-même dans la lecture assidue de leurs cahiers énormément de réconfort et de lumière. La meilleure preuve que je puisse vous en donner est précisément que j'aie eu l'idée d'étendre les bienfaits des Coccinelles à une clientèle qui n'est pas tout à fait la vôtre. Croyez bien d'autre part que je reconnais pleinement la parfaite largeur d'esprit des Coccinelles et sincèrement rien ne m'a jamais choqué chez vous dans mes convictions de catholique.

« Mais il m'a paru que le but des Coccinelles devenait de plus en plus religieux et devait le devenir ; que par conséquent il était bon que les malades se groupent plutôt par affinités religieuses, afin d'arriver à une intimité d'âmes plus complète, que dans ces conditions les malades catholiques, dont les conceptions religieuses, les pratiques cultuelles, les dévotions et jusqu'à la façon même de comprendre la souffrance et le rôle de la maladie diffèrent sensiblement des conceptions et des pratiques protestantes, auraient un certain intérêt à se grouper.

« Aussitôt que cette idée s'est précisée dans mon esprit, j'ai considéré comme un devoir de loyauté d'en faire part aux directrices de mon groupe, Mme R. et Mlle M. Toutes les deux ont parfaitement compris et admis mes raisons et ont eu l'amabilité, dont je leur sais un gré infini, de m'encourager et de me souhaiter réussite et bonne chance. »

La correspondance se prolongeait même avec Mlle B. Le 3 mai 1914, il lui écrivait :

« Prenons (c'est un exemple entre beaucoup) la question que Paul Seippel dans son ouvrage sur A. Kamm appelle la réversibilité des mérites. Je ne la discute pas. Paul Seippel d'ailleurs se trompe absolument dans ce qu'il dit et attribue au catholicisme un point de vue très critiquable et qui n'est pas le nôtre. Mais enfin cette erreur à part, il est certain que catholiques et protestants n'ont pas la même idée sur la question. Nous avons un dogme, celui de la Communion des Saints, qui tranche pour nous le problème et duquel il résulte que nous pouvons et que nous devons offrir à Dieu nos souffrances de malades pour l'expiation de nos péchés et de ceux des autres, et aussi afin que les mérites ainsi acquis pour nous servent à féconder l'action de nos frères bien portants.

« Je ne veux pas vous imposer une dissertation sur ce sujet très complexe. Mais vous apercevez déjà les conséquences pratiques de nos divergences sur ce point. Notre Union catholique de Malades se proposera d'offrir à Dieu la gerbe de ses pauvres mérites à l'intention de telle conversion, de telle œuvre qui lui paraîtra plus intéressante et plus urgente. Et voilà un terrain qui vous semblera sans doute difficile d'aborder pour une conscience protestante éclairée d'une lumière très différente. »

Mlle B. répondait le 16 mai 1914 :

« Evidemment la seule différence entre votre manière d'envisager la souffrance et la nôtre suffit à justifier la séparation. Certes je ne peux pas croire de la même manière, mais j'avoue que j'envie votre croyance nette et simple qui vous permet d'offrir vos souffrances pour une personne, un but définis. Pour nous, pour moi, du moins, je crois de toute mon âme que nos douleurs ne sont pas perdues, que Dieu les utilise d'une façon quelconque pour le bien de nos frères, mais elles ne pourront jamais remplacer la décision, la conversion individuelle, le tête-à-tête entre l'homme et Dieu et l'obligation où il est à un moment donné de se décider tout seul. »

Certes, rien ne remplace la démarche individuelle. L'affaire du salut ne se fait pas par procuration. Mais combien ce salut peut être facilité par la prière et le mérite d'autrui : c'est ce que Peyrot va expliquer à sa correspondante :

« Il est bien certain que nous ne pouvons pas nous sauver pour autrui au sens strict du mot, de même que si nous rencontrions, au bord du chemin, un homme qui se meurt d'inanition, il ne lui servirait de rien que nous mangions à sa place. Mais, nous pouvons lui faciliter au maximum l'acte de manger : nous pouvons lui acheter de la nourriture avec le prix de notre travail, lui préparer cette nourriture, et, s'il est trop faible pour se servir lui-même, le faire manger comme un petit enfant. Eh, bien, dans l'ordre spirituel, les choses doivent se passer de la même façon. Nous ne pouvons pas, si vous voulez, *mériter* à la place d'autrui, mais nous pouvons, par nos souffrances, unies à celles du Christ, mettre à sa disposition, un trésor qu'il n'aura plus qu'à accepter. »

« J'ai très bien compris, cette fois, répond Mlle B. votre idée de la réversibilité des mérites ; et, si c'est là, l'idée catholique, elle n'a rien de difficile à accepter, au contraire. Du reste, je trouve que le grand aiguillon de ma maladie, c'est-à-dire l'inutilité, la mise à l'écart est enlevé, si l'on sent que loin d'être un poids mort pour l'humanité, on peut travailler à son salut. »

CHAPITRE V

La création de l'Union Catholique de Malades

Ayant ainsi clairement exposé aux directrices des Coccinelles avec beaucoup de précision et de sympathie les raisons pour lesquelles il lui paraissait inévitable de fonder un groupement nouveau, il les quitta, non sans une certaine appréhension de l'inconnu, où il allait s'engager. Elles regrettèrent simplement de voir s'éloigner d'elles un ami dont elles avaient déjà pu apprécier la valeur ; elles se réjouissaient cependant que l'initiative de Louis Peyrot permît de faire plus de bien à un plus grand nombre de malades, et elles suivaient avec un affectueux intérêt la naissance de l'Union nouvelle.

Louis Peyrot rédigea d'abord un exposé général qui lui recruta les premiers adhérents.

DIRECTIONS GÉNÉRALES

Les membres de l'U. C. M. se proposent de se réconforter et de s'égayer mutuellement, par l'échange d'une correspondance collective et régulière.

Ils veulent surtout, en associant leurs prières et

leurs souffrances, donner à leur épreuve toute sa fécondité surnaturelle.

L'Union est divisée en groupes de 7 ou 8 membres. Dans chaque groupe, un cahier circule entre les adhérents et chacun écrit à tour de rôle.

Que les messages partent du cœur. Que chacun, simplement, apporte sa part de joie et de courage, sa part de peine aussi...

On peut écrire sur n'importe quel sujet, pourvu qu'il tende au but de l'Union. Donnez des nouvelles de votre santé et demandez l'appui spirituel de l'Union lorsque vous traversez des jours particulièrement difficiles. Ne vous inquiétez pas de perfection littéraire.

Mais évitez absolument les questions politiques, parce qu'elles divisent.

L'Union est ouverte à tous les malades, quels que soient leur nationalité, leur milieu, leur âge, etc. La communauté de la Foi réalisera l'intimité entre les âmes.

Le 18 de chaque mois, anniversaire du jour (le 18 mai 1914), où notre ami Rheinart est, le premier d'entre nous, remonté au Ciel, tous nos amis sont invités à unir leurs prières et l'offrande de leurs peines aux intentions de l'Union.

Sœur Thérèse de l'Enfant-Jésus et de la Sainte Face, du Carmel de Lisieux, a été choisie pour être la protectrice de l'Union. Invoquons-la matin et soir.

Ayant ainsi clairement fixé les principes, il lança son premier cahier le 4 mars 1914. Pendant que ce cahier circulait, il douta de son œuvre.

« Faut-il vous avouer, écrivait-il à Jean G. le 5, que, maintenant que le sort en est jeté, je suis pris d'inquiétude et de mauvais pressentiments ? C'est sans doute stupide. A Dieu va !... Je lisais ce matin à propos d'Ozanam et des Sociétés de Saint-Vincent de Paul, qu'Ozanam disait : « Les œuvres n'appar-« tiennent pas à leurs fondateurs, elles appartiennent « à Dieu. » Suivant ce principe il sied peut-être de laisser la Providence nous indiquer au fur et à mesure la marche à suivre. »

Quand il vit le cahier revenir à la fin du mois, il en eut une grande joie.

« Les sept premiers messages, écrivait-il à B., sont très bons, tout à fait ce qu'on pouvait espérer de mieux au point. La variété des tempéraments se combine heureusement avec l'unité de vues. On sent déjà quelle sera l'atmosphère chaude et simple, courageuse et joyeuse... Je ne sais pas si c'est parce que cette Union est un peu mon enfant, mais je la vois d'un œil enthousiaste ! Dieu veuille la bénir et la conduire. »

Dès le début, elle fut comprise avec une grande largeur de vues et un sens très exact des nécessités morales et matérielles. Peyrot rédigea pour elle des directions générales et un règlement, en s'inspirant de l'exemple des Coccinelles. « Je n'ai pas voulu innover, écrivait-il à Mme R., sauf les différences confessionnelles, dans un sujet où je ne venais qu'en imitateur. »

Peyrot ne prétendit pas en effet que ses cahiers fussent différents de ceux des Coccinelles. Voici les conseils qu'il donnait à ses amis :

Cambo, 17 septembre 1915.

« Il me semble que vous avez raison, Jean. Le premier principe est celui-ci : Que chacun raconte dans le cahier l'événement, le spectacle, l'incident, la lecture, en un mot ce qui l'aura frappé, ce qui est capable de nous intéresser tous. Ainsi le cahier portera de l'un à l'autre la distraction et le réconfort. Car notre situation de malades nous met souvent en présence de beaux dévouements réconfortants.

« Donc, même lorsque la conversation roule sur un sujet donné, il me semble que celui qui a un récit palpitant à faire, ne devrait jamais y manquer, fût-ce au risque de rompre la causerie.

« Et le long du mois qui s'écoule entre chaque tour du cahier, nous pourrions noter telle scène à raconter aux camarades, de façon à ne pas être pris au dépourvu quand le cahier arrivera.

« Seulement il y a bien des mois où notre vie de cloîtrés ne présente aucun fait saillant. C'est là que le sujet-pivot ou du moins quelque chose d'analogue devient utile. Ici je crois que c'est au chef de groupe à se malaxer la cervelle pour trouver de l'intéressant ! Ah ! évidemment, mon vieux Jean, ce n'est pas très facile ! Il y a le gros risque de tomber dans le devoir de style : « Aimez-vous mieux la mer ou la montagne ? » « Quel est à votre avis le plus grand bienfaiteur de l'humanité au XIXe siècle ? » etc. Ou encore dans la dissertation trop subtile, et c'est ce qui nous est arrivé au groupe I.

« Je ne pense pas cependant que ces dangers doivent faire écarter définitivement le sujet-pivot. Il faut l'améliorer, voilà tout.

« Je connais un sujet qui aurait peut-être beaucoup de succès pratique auprès de quelques-uns : Comment faire pour bien remplir sa journée ? Quelle activité, ou mieux quels objets d'activité sont accessibles à un malade ?

« Voilà, c'était le sujet de mes réflexions ces jours derniers. Je vois autour de moi bien des gens qui s'ennuient. L'ennui est la grande souffrance des malades, surtout des apprentis-malades, des commençants. Voilà une plaie qui ne devrait jamais atteindre un membre de l'U. C. M. Sommes-nous des contemplatifs, sinon par tempérament, du moins par destination de malades ? Je ne le crois pas. La maladie ne nous voue pas obligatoirement à la contemplation. Il y a, parmi les malades, des mystiques. Mais il y a aussi des actifs. Il est vrai que l'on peut être un peu l'un et l'autre (c'est même fréquent !) L'U. C. M. quoi qu'il en soit, ferait une belle œuvre, si elle étudiait, étendait, précisait l'activité des malades. Qu'en dites-vous, Jean en particulier ? »

Il se consacra désormais avec une ardeur et un dévouement admirables au succès de l'œuvre dont il suivait avec joie le développement. Sa foi et sa charité s'y manifestaient également. Il lui donna tout de suite une forte impulsion.

Dès les premiers jours, il vit très nettement dans quelle voie il fallait orienter l'U. C. M. Aucun des écueils auxquels il pouvait se heurter ne lui échappait, mais il savait se diriger assez heureusement pour les éviter. Il vit immédiatement quel secours moral l'Union pourrait apporter aux malades ; l'expérience lui montra vite comment en pratique cette aide pouvait être le plus efficace.

Il savait d'abord quelle joie est la correspondance pour les malades immobiles et isolés à qui toutes les distractions que procurent le mouvement et la société sont interdites. Cette joie devait être plus grande encore, si les correspondants étaient plus nombreux et surtout s'ils étaient unis par cette sympathie naturelle que créent inévitablement une situation semblable et des idées communes. Mais pour qu'une lettre fasse vraiment plaisir, ne faut-il pas qu'elle dise un peu ce que l'on pense soi-même, et puisque les membres de l'U. C. M. sont tous unis par la même foi, c'est évidemment surtout des consolations religieuses que les cahiers doivent parler.

« Je voudrais, écrivait-il à Jean G., que l'Union n'eût pas seulement pour but de distraire les malades — ce qui est bien, mais n'est pas tout — mais que le but principal fût l'utilisation religieuse de la maladie. On s'unit pour s'aider mutuellement à tirer de l'épreuve les fruits spirituels que Dieu y a déposés pour chacun. »

Mais si les cahiers devaient s'inspirer d'une idée religieuse, encore fallait-il préciser comment ils en parleraient. Peyrot voulait d'abord que l'on évitât les lieux communs.

« Je voudrais beaucoup, écrivait-il en mai 1914 à Mlle C., que notre Union ne reste pas une vaine parlotte, mais qu'on y étudie et qu'on y médite un peu sérieusement. D'autre part je désirerais vivement, si tous les membres de l'U. C. M. sont d'accord, accroître et préciser l'activité religieuse de l'Union. Non pas, bien entendu, tourner à la bigoterie, mais utiliser énergiquement, en les associant, nos prières et les faibles mérites de nos petits sacrifices de malades.

« Au fond, vous savez, les succès d'apostolat des missionnaires, des prêtres, des prédicateurs, des hommes et des femmes d'œuvre, ils sont dus plus qu'on ne croit aux mérites obscurs de quelque pauvre éprouvé inconnu. Cette transmutation est quelque chose d'admirable. Cette communion des Saints est l'un des dogmes les plus impressionnants de notre religion. »

Et voilà déjà tout le programme de l'U. C. M. défini.

Le premier principe devait être la gaieté. On ne peut consoler des malades si on leur parle toujours sur un ton larmoyant. Il ne cessa jamais de prêcher la gaieté.

« La gaieté, écrivait-il à Mlle C., est certainement un besoin dans notre cas et même un devoir. Il faut être gai. C'est un signe de santé morale. Nous nous efforcerons ensemble de l'être. »

« Surtout ne vous ennuyez pas, réagissez, réagissez », écrivait-il plus tard dans un cahier.

Et encore plus tard dans un autre cahier :

Néris, 21 juillet 1914.

« Je voulais vous parler encore de la joie. Mais mon message s'allonge terriblement. En deux mots, je crois qu'elle est la résultante, l'émanation de la santé de l'âme. Or cette santé de l'âme a deux conditions fondamentales, la pureté du cœur et l'humilité de l'esprit, si bien qu'on pourrait écrire cette équation : pureté + humilité = bonheur.

« Et je crois bien, en effet, que le secret du bonheur est là. N'aimer que Dieu et son prochain en Dieu, et d'autre part s'estimer si indigne qu'on éprouve une reconnaissance immense de toutes les grâces qu'on reçoit, n'est-ce pas le moyen d'être heureux ? Je me hâte de vous dire que je ne fais pas un sermon et que, hélas ! je ne parle pas par une longue expérience ! »

Approfondissant cette idée du bonheur et de la gaieté, il disait le 11 mars 1916 :

« Tu ne veux pas du sujet-pivot, mon cher Paul, et toi-même jettes dans la conversation la plus grosse question qui puisse alimenter une discussion sans fin : De la contradiction qui semble exister entre la certitude que nous avons que notre vie sera brève et l'instinct profond qui nous pousse à vivre le plus activement et le plus heureusement possible.

« On pourrait déjà te répondre que c'est précisément parce que notre vie est brève que nous avons l'instinct de la vivre intensément. Tout ce qui est éphémère est passé. Dieu seul peut être infiniment paisible et patient parce qu'il est éternel.

« Mais je crois que la réponse est tout autre : la contradiction est réellement existante et elle est une conséquence du péché originel.

« En effet nos instincts de vie intense et remplie, et éternelle étaient dans notre nature avant la chute originelle, notre condamnation à la mort et à la vie brève. Nous avons le désir de vivre longuement, activement, heureusement, parce qu'en effet c'est à une vie longue, active et heureuse que nous étions destinés au Paradis terrestre. Les instincts ont survécu à leur cause finale, d'où la contradiction ; et il faut ajouter que la souffrance qui en résulte est un châtiment du péché.

« Notre vie d'ailleurs est pleine de contradictions du même ordre. Nous sommes « des dieux tombés qui nous souvenons des cieux ». Et c'est peut-être une des preuves les plus frappantes de la vérité de la religion que le privilège qu'elle a de fournir la seule explication de ces énigmes : le Péché originel.

« Il faut d'ailleurs penser aussitôt que la Rédemption a rétabli l'ordre brisé, ce que nous savons tous, et aussi que, à coup sûr, il dépend de chacun de nous de réduire au minimum les contradictions pénibles dont parle P. En effet, comme le péché actuel aggrave les effets du Péché originel, il est certain que nos efforts personnels peuvent compléter les effets restaurateurs de la Rédemption.

« Je crois que la vraie condition du bonheur c'est d'avoir la conscience tranquille, de se sentir à la place voulue de Dieu et dans des dispositions d'âme agréables à Dieu. C'est ça le bonheur : une harmonie parfaite entre notre vie réelle et la vie que Dieu attend de nous.

« Par la même occasion, c'est là aussi la source de la vraie gaîté. L'autre gaîté n'est qu'une agitation, qu'une dissipation bruyante et superficielle. Ce n'est pas la vraie joie, profonde comme une source jaillissante, et qui ne peut venir que d'un cœur pur. »

Et encore :

« Il se passera pour nous, disait-il, ce qui peut se passer pour le chauffeur d'un navire. Enfermé dans la soute ou la chambre de chauffe, il ne sait rien du chemin parcouru. Nous sommes de même ; nous avons un effort à fournir, un devoir à accomplir. Mais le résultat, la direction, le chemin accompli, nous ne verrons cela qu'une fois arrivés au port.

« C'est peut-être consolant cette ignorance. Elle nous permet d'espérer mieux que cette apparence rugueuse de la vie quotidienne. Mais surtout elle nous oblige à la confiance et à l'abandon. Et au fond l'abandon et la confiance, c'est ce qui fait toute la douceur de vivre. Si le chauffeur a toute confiance dans le pilote, peu lui importe en somme d'être enfermé dans les flancs du bateau et de ne pas voir la route. Nous ne sommes pas nos propres pilotes. »

Il avait éprouvé lui-même ce vrai bonheur ; et c'est parce qu'il l'avait cherché là où il est qu'il n'avait jamais longtemps souffert de ces désillusions si pénibles à la jeunesse.

« Je n'ai jamais bien su ce que c'était qu'une désillusion. Une désillusion ? Quoi ? Vous croyiez que tous les hommes étaient bons et vous en avez découvert de mauvais ? Vous espériez réussir dans la vie facilement, rester toujours jeune, n'être jamais malade, ne jamais mourir ? Et vous vous apercevez que nous sommes dans une vallée de larmes, que rien ne réussit comme nous le rêvions, etc. Est-ce cela ?

« Pourquoi chercher dans le rêve des joies illusoires, alors que la réalité nous en donne de si profondes et de si sûres ? N'avons-nous pas tous reçu des grâces immenses, ne nous sentons-nous pas enveloppés de la protection maternelle de la Providence ? Je ne parle même pas des grâces infinies que chacun reçoit par le baptême, par le pardon de la Pénitence, par la communion de l'Eucharistie ; je veux parler de grâces plus petites, mais plus personnelles, de ces faveurs à demi temporelles que Dieu n'a données qu'à nous personnellement, parce qu'elles ne pouvaient intéresser que nous et qui sont comme des attentions infiniment délicates et tendres où il me semble que l'amour de Dieu pour nous se montre plus précisément, d'une manière plus touchante que jamais. Amitiés si douces qu'il nous a ménagées et où il est en tiers. Tâches qu'il nous a réservées et où il a voulu que nous réussissions avec son aide. Evénements intimes qu'il a fait tourner pour notre bien. Désirs intenses, mais timides qu'il a exaucés d'une façon inattendue et pleine. Que sais-je ? Minutes trop courtes où il nous a donné de voir clair dans quelques-unes de ses vérités. Tout cet échange, ou plutôt tous ces petits dons par lesquels il nous a fait entrer dans son intimité, une intimité à notre taille, évidemment, bien fugitive, bien imparfaite, mais où nous savons que nous pouvons nous réfugier et trouver la sécurité totale. Toute la joie de la vie, n'est-elle pas là ? Et n'est-ce pas là une joie certaine, réelle, sensible, tout à fait différente d'une illusion ? Cela ne trompe pas. Cela ne risque pas de vous blesser. Cela ne meurt pas.

« Cette joie-là n'a qu'un ennemi, c'est nous-mêmes. Car il me semble qu'il n'y a sur la terre qu'une seule vraie tristesse, c'est le remords qu'on peut avoir de ses fautes. Ah ! ça, c'est épouvantable !... Et encore la prière est-elle un remède jusqu'à un certain point. »

La prière est en effet la grande consolation de ceux qui souffrent. Elle devait être dans l'esprit de Louis Peyrot le lien réel qui devait unir tous les membres de l'U. C. M. Il en avait une idée très haute, très belle.

« Nous pensons qu'on peut et qu'on doit prier très souvent, même si l'on n'a rien à demander, tout simplement pour dire au Bon Dieu qu'on l'aime bien et qu'on voudrait l'aimer tous les jours davantage. Comme un petit enfant qui bavarde avec sa maman, pour rien, pour le plaisir de l'appeler maman et de s'entendre dire : mon petit. »

Il estimait que la prière est possible pour tout le monde, quelle que soit la culture, ou la maladie, de chacun. Aussi avait-il beaucoup de regret quand il voyait qu'on le quittait.

Cambo, 4 décembre 1915.

« Notre ami D. nous quitte. Nous sommes trop intellectuels pour lui, il a de la peine à suivre nos subtilités de pensée et se sent mal à l'aise dans notre milieu...

« C'est notre faute à tous.

« Il ne faut pas mettre en cause les différences de culture intellectuelle. Nous sommes, ou du moins nous devrions être placés sur un terrain où elles ne se font pas sentir. Car, observez bien ce point, je vous prie, il s'agit beaucoup moins pour nous d'écrire en collaboration la théorie de notre épreuve que de vivre ensemble cette épreuve, de « porter le fardeau les uns des autres ». Il ne s'agit aucunement, comme certain poète symboliste, de :

...« Tailler sa souffrance ainsi qu'un diamant
Pour lui faire jeter des éclats plus funèbres, »

ni d'étudier curieusement nos impressions. Peut-être sommes-nous restés un peu trop près de cet état d'esprit, et c'est sans doute cette apparence d'acrobatie intellectuelle qui a effrayé, intimidé notre ami...

« Dans votre amusante fiction, Jean, votre lieutenant prononce une phrase qui me paraît trancher le débat :

« Cherchez, dit-il, des raisons (de bonheur) plus solides. Rendez-vous utile. Oubliez-vous un peu pour penser aux autres... »

« Vous lui répondez : « Comme c'est facile de se rendre utile aux autres quand on est dans son lit ! »

« Mais je sais que c'est une boutade et qu'au fond vous donnez raison à votre lieutenant.

« Même au lit, même abruti de fièvre, il est aisé de servir le prochain ; il suffit d'offrir à Dieu pour lui cette fièvre et cet abrutissement.

« J'ai trouvé l'autre jour dans une revue le récit exact de la fameuse anecdote dont vous avez tous entendu parler : Debout les morts ! Je vous le copie : il est splendide.

« Nous étions en train d'aménager une tranchée « conquise. Au barrage de sacs qui formait son extré- « mité, deux guetteurs faisaient bonne garde. Nous « pouvions travailler en toute sécurité.

« Soudain, partie d'un boyau que dissimule un repli « de terrain, une avalanche de bombes se précipite « sur nos têtes. Avant que nos hommes puissent se « ressaisir, dix sont couchés à terre, morts et blessés « pêle-mêle.

« J'ouvre la bouche (c'est le lieutenant qui parle) « pour les pousser en avant de nouveau, quand un « caillou du parapet, déchaussé par un projectile, « me frappe à la tête. Je tombe sans connaissance.

« Mon étourdissement ne dure qu'une seconde. Un « éclat de bombe me frappe la main gauche et la dou- « leur me réveille.

« Comme j'ouvre les yeux, affaibli encore et l'esprit « engourdi, je vois les Boches sauter par-dessus le « barrage de sacs et envahir la tranchée. Ils sont une « vingtaine.

« Ils n'ont pas de fusils, mais ils portent par devant « une sorte de panier d'osier rempli de bombes.

« Je regarde à gauche. Tous les nôtres sont partis, « la tranchée est vide. Et les Boches avancent. Quelques « pas encore, et ils sont sur moi...

« A ce moment, un de mes hommes étendu, une « blessure au front, une blessure au menton, et dont « tout le visage est un ruissellement de sang, se met « sur son séant, empoigne un sac de grenades placé « près de lui et s'écrie : Debout, les morts.

« Il s'agenouille et, puisant dans le sac, il lance ses « grenades dans le tas des assaillants.

« A son appel, trois autres blessés se redressent. « Deux, qui ont la jambe brisée, prennent un fusil et,

« ouvrant le magasin, commencent un feu rapide « dont chaque coup porte. Le troisième, dont la main « gauche pend inerte, arrache, de la main droite, « une baïonnette...

« Quand je me relève, revenu à moi tout à fait, « du groupe ennemi, la moitié environ est abattue, « l'autre moitié s'est repliée en désordre. Il ne reste « plus, adossé au barrage et protégé par un bouclier « de fer, qu'un sous-officier énorme, suant, conges- « tionné de rage, qui, fort bravement, ma foi, tire « dans notre direction des coups de révolver.

« L'homme qui, le premier, a organisé la défense, « le héros de « Debout les morts » reçoit un coup en « pleine mâchoire. Il s'abat...

« Tout à coup, celui qui tient la baïonnette et qui, « depuis quelques instants rampait de cadavre en « cadavre, se dresse à quelques pas du barrage, essuie « deux balles qui ne l'atteignent pas, et plonge son « arme dans la gorge de l'allemand.

« La position était sauvée. Le mort sublime avait « ressuscité les morts. »

« Quand donc, mon cher Jean, vous dites à votre lieutenant : « Que faire, hélas ! blessés comme nous le sommes, infirmes, à demi somnolents de fièvre !...

« Votre lieutenant vous crie (je continue la fiction, elle est ingénieuse) : « Debout les morts ! »

« Oui, vous n'avez plus la valeur active d'un bien portant. Mais vous avez une valeur que j'appellerai une valeur de position. Si vous voulez, vous êtes dans une position, dans une situation qui donne à vos gestes une valeur surnaturelle intense.

« Cela, nous le savons, mais il ne faut pas se lasser de la répéter à soi-même. Car c'est là, mes chers amis souffrants, mon cher Paul, mon cher Jean, c'est là une des sources les plus sûres du courage. Se dire que l'on remplit un rôle des plus importants et qu'on se doit à ce rôle.

« Or il n'y a aucun doute, nous sommes dans un temps, dans une heure, où le mal est particulièrement pressant. Les Mauvais sont au bout de la tranchée comme à quelques pas. Et alors il faut que tout le monde s'y mette, même les demi-morts que nous sommes. Il faut lutter avec l'arme que l'on a sous la main ; nous n'avons pas le loisir de choisir. L'un s'armera de ses prières et de sa peine chrétiennement acceptée, l'autre donnera ce qu'il a de forces, suivant les indications des circonstances. Peu importe en somme, il suffit de donner ce qu'on a. Dieu se sert de tout et de tous pour vaincre le mal. L'essentiel est qu'il n'y ait pas d'embusqués moraux. »

L'habitude que Peyrot avait de prier lui rendait réellement sensible le monde surnaturel, et il trouvait à le contempler un bonheur infini, auprès duquel les joies de sa vie active passée lui semblaient négligeables. Il pensait sans regret à ces « années jeunes et folles où il n'était pas encore malade ».

« Ces années-là, disait-il, me laissent l'impression d'obscurité. Il a fallu la longue épreuve pour apporter la Lumière dans ma vie et si dure que soit la perspective de rester infirme, je me sens forcé de remercier à genoux le Bon Dieu qui m'a envoyé cette grâce immense. »

Non pas qu'il fût lui-même d'un mysticisme exalté. Sainte Thérèse le décevait souvent.

« Et pour être franc, disait-il, je m'y perds. Il est certain qu'on ne peut la lire avec fruit que si l'on a expérimenté soi-même les états d'âme dont elle parle. Mais ces descriptions sont certainement insuffisantes pour donner à un profane une idée des sentiments et du bonheur qu'elle a éprouvés. »

Cependant il était attiré pas les mystérieuses beautés du *Château Intérieur* :

« On a l'impression de pénétrer dans une immense cathédrale gothique, d'avancer dans une nef toute nue, entre des colonnes tout unies qui se perdent très haut en une ogive invisible. Et plus on avance, plus on est saisi par cette nudité qui donne aux lignes toute leur valeur ; plus on est enveloppé par le mystère sacré qui émane de ce château intérieur et qu'on n'entrevoit presque pas. On se dit qu'on n'ouvre pas assez les yeux. Il y a des choses qu'on ne distingue pas. On a beau appliquer son esprit ; c'est comme lorsqu'on entre dans un endroit sombre en venant du plein jour ; on est tellement ébloui par les fausses lumières du monde qu'on ne voit plus clair en soi... Il faut être mystique pour comprendre les mystiques. Sans cela on lit un livre obscur. Et pourtant, il faut le lire... Ce serait si bon si l'on pouvait faire seulement un pas vers l'intérieur et si nos yeux à la longue s'habituaient à voir ! »

Il ne désespérait cependant pas de voir dans les mystérieuses ténèbres de la mystique.

« Je crois, écrivait-il à son ami Jean G., que nous pouvons faire des choses merveilleuses au point de vue mystique avec notre U. C. M. Il faut que nous devenions des saints ; un foyer de sainteté. Cultivons le surnaturel en nous et dans notre union. Expier et aimer Jésus !

Cependant il savait que d'autres bons chrétiens éprouvaient ce sentiment du surnaturel, qu'ils avaient reçu la même grâce ; il savait que cette communion spirituelle les unissait plus encore que s'ils vivaient réellement ensemble ; et c'est pour développer le charme et la valeur de cette union qu'il demanda aux membres de l'U. C. M. d'associer leurs prières, de les faire ensemble en même temps aux mêmes intentions, comme le prouve ce projet retrouvé dans ses notes :

Projet à soumettre aux membres de l'U. C. M.

A. Le 18 de chaque mois (anniversaire de la mort de notre ami Rheinart, le premier décédé d'entre nous), prières en commun :

1° pour que Dieu bénisse l'U. C. M. et la féconde ;

2° pour qu'Il envoie ses grâces à chaque membre de l'Union, en particulier aux plus éprouvés ;

3° pour qu'il exauce les prières de chacun ;

4° pour qu'il remette leurs peines aux membres décédés de l'Union.

B. En dehors de cette date fixée mensuellement, prier le plus souvent possible aux mêmes intentions que ci-dessus, et offrir ses souffrances et ses sacrifices.

Ainsi sera constitué un trésor collectif de mérites, où chaque membre de l'Union puisera selon ses besoins, dont chacun profitera pour lui-même et pour ses œuvres et ses intentions personnelles.

Ce sera à l'intérieur de la grande communion des Saints comme une communion plus étroite, qui donnera à chacun l'appui de tous, de la même façon que celui qui fait partie d'un ordre religieux participe à toutes les indulgences dues aux mérites des Saints de l'Ordre. En tout petit, bien entendu, les malades de l'U. C. M. constituent comme un petit ordre spécial.

Il pensa aussitôt qu'il était utile d'avoir pour avocate une sainte âme qui eût beaucoup souffert et beaucoup aimé.

Il lança dans les cahiers une enquête à ce sujet :

Cambo, 17 avril 1915.

« Un saint patron ?... Certes je suis embarrassé en présence de vos avis différents. Et je crains de l'être encore davantage lorsque le groupe III va m'apporter incessamment la nouvelle variété de ses opinions. Il me semble cependant que la petite Sœur Thérèse gagne du terrain ! (si j'ose dire). Le groupe I la réclame à grands cris et vous êtes tous d'accord pour l'aimer. J'avoue que Saint François d'Assise me plairait bien, personnellement, et que je l'invoque depuis longtemps pour l'U. C. M. matin et soir. Ce qui m'empêchait d'adhérer au choix de la petite Sœur Thérèse, c'est qu'elle n'est pas canonisée. Mais le dernier message de notre ami Teisserenc lève à ce sujet mes scrupules et me décide en faveur de la petite Sainte. Ses raisons me semblent très fortes : 1° Le prêtre consulté par notre ami n'a pas fait d'objection au choix de la petite sœur. 2° Sœur Thérèse est tout près de nous par l'époque récente où elle a vécu, c'est notre contemporaine. Nous l'avons presque connue. 3° Sœur Thérèse « a encore quelques miracles à faire pour être béatifiée ; nous lui en donnerons l'occasion, si elle tient à son avancement ! »

« Enfin 4° je ne crois pas, non plus, que le fait d'avoir été cloîtrée soit un obstacle pour nous à comprendre la petite Sœur Thérèse. Rappelez-vous au contraire le caractère tout pratique de ses petits sacrifices, de ses petites mortifications. « Retenons dans la conversation, disait-elle, une parole qui pourrait nous élever au-dessus des autres. » Cette petite voie de sainteté n'est-elle pas la plus accessible à notre débilité d'âme ?

« Elle disait aussi que « le plus grand honneur que Dieu puisse faire à une âme, ce n'est pas de lui donner beaucoup, c'est de lui demander beaucoup. » Et voilà qui est bien consolant pour les jours de plus rude peine...

« Au prochain tour la décision ! »

La consultation fut très favorable à la petite Sœur Thérèse, et on décida de l'adopter comme patronne. On ferait des vœux pour sa canonisation, on l'invoquerait chaque jour ; ce serait le moyen de relier plus directement à l'Eglise triomphante, la société des malades, cette petite cellule de l'Eglise militante.

« Oui, disait Peyrot, nous sommes une force les uns pour les autres, non seulement par l'appui tout sensible, tout naturel que nous trouvons dans notre affection mutuelle, mais surtout à coup sûr par les prières que nous faisons maintenant chaque jour les uns pour les autres. Car il est entendu, n'est-ce pas, que nous invoquons matin et soir Sœur Thérèse de l'Enfant-Jésus pour l'U. C. M. ? Ces prières sont comme la corde commune à laquelle s'attachent les ascensionnistes. Nous aussi, nous faisons une ascension, et semée de périls. Le but est aussi vertigineux que les abîmes sont affreux et noirs. Mais lorsque l'un de nous se lasse ou s'il risque de faire un faux pas, de glisser dans la mort, le lien de nos prières le retient, lui donne le temps de se reprendre. »

« Il est palpable, écrivait-il à la même époque, que l'union de nos prières nous soutient tous. »

Ces prières communes, il les recommandait souvent, sous forme de neuvaines, pour un des membres de l'Union plus durement éprouvé.

« Observez, disait-il à ce sujet, que notre ami T. a été délivré pendant le cours de notre neuvaine. Certainement il en aura été aidé, comme nous le serons tous, par Sœur Thérèse. Nous souffrons, nous sommes inactifs ou à peu près et c'est un grand sacrifice. Nous faisons donc, ou nous devrions faire si nous étions abandonnés, de la force surnaturelle avec nos mérites. Cette force accumulée, qu'elle soit à la disposition de ceux d'entre nous à qui Dieu rend quelque initiative. »

Quand le premier membre de l'U. C. M. mourut, trois mois seulement après sa fondation, il recommanda qu'on priât chaque mois pour lui le jour anniversaire de sa mort. « C'est une jolie idée, écrivait-il à Jean G., de consacrer, par la tradition de prier ensemble ce jour-là, le premier lien vivant qui s'est établi entre le ciel et nous. »

Ce lien, il conçut bientôt l'idée de le resserrer, en réunissant dans un livre d'or des notices sur les membres disparus de l'U. C. M. et leurs principaux messages.

Il écrivit pour ce livre d'or une préface où il définissait admirablement cette amitié en quelque sorte surnaturelle, qui attachait les uns aux autres tous les membres de l'Union.

« Mes chers Amis, y disait-il, nous ne nous sommes, pour la plupart, jamais vus ; tout au plus nous connaissons-nous par des photographies, plus ou moins fidèles, et sans vie, nos physionomies respectives...

« Néanmoins l'intimité de l'Union catholique de malades est l'une des plus étroites qui soient, parce qu'elle est faite d'une communauté d'épreuves et de vocation, d'un difficile effort partagé, d'entr'aide, et de compassion réciproque.

« Nous faisons de compagnie le même voyage, comme disait le bon Rheinart. Dans la foule où nous étions dispersés, nos infirmités nous ont servi de signe de ralliement : qui se ressemble, surtout par l'infortune, s'assemble. Et puis, comme nous avions les mêmes certitudes divines, comme nous marchions dans le même espoir de l'incorruptible Santé, nous avons compris que nous étions frères et nous avons uni nos faiblesses pour mieux traîner le lourd bagage de nos peines.

« Notre amitié, c'est la rencontre de nos âmes souffrantes dans la même foi, la même espérance, et la même charité. C'est pourquoi rien ne peut atteindre notre amitié, puisqu'elle ne repose pas sur un attrait physique inconstant, mais qu'elle est faite de raisons surnaturelles. Rien, si ce n'est l'abandon volontaire de la collective ascension. Pas la mort, en tout cas ; au contraire — puisque la mort c'est l'ascension terminée, les risques de chute définitivement abolis, les raisons surnaturelles, dont nous parlions tout à l'heure, éclairées, multipliées, fortifiées par l'Infini.

« Rien ne nous sépare de vous, chers amis déjà parvenus à Dieu ! Nous continuons à nous prêter mutuellement l'appui de nos intercessions ; vos messages ne viennent plus nous réconforter, mais vous vous faites maintenant nos inspirateurs, les auxiliaires de nos anges gardiens ; en échange, nos prières terrestres augmentent votre gloire dans le

Paradis ; et nos âmes, à tous, vivent toujours dans la même communion des Saints.

« Aussi bien, ce Livre d'Or n'est pas un monument de tristesse désolée ; c'est un calme jardin de souvenirs où nous aimerons à venir retrouver nos aînés du Ciel. Leur mort chrétienne couronnant des années de persévérante fidélité donne à toute leur vie la valeur d'un exemple à suivre, d'un guide qui permette de les rejoindre. Ces courtes biographies, ces lignes extraites de leurs messages, c'est un enseignement véritable...

« O Seigneur, s'ils ont encore à se purifier de quelque tache légère, écoutez nos prières, faites miséricorde, ouvrez-leur vos bras ! Seigneur, ayez pitié de nous qui poursuivons notre dur chemin, haletant, hélas ! et trébuchant dans notre faiblesse... Hâtez-vous de nous secourir et de nous réunir tous, les morts et les vivants, dans l'éternel bonheur ! »

Il ne tarda pas à régner dans l'Union naissante une intimité qui en fit un refuge où chacun venait se reposer des tristesses de la vie.

« Vos messages respirent tous une telle sérénité, disait-il, qu'on s'en imprègne en vous lisant et qu'on a l'impression, au sortir des multiples soucis de la vie quotidienne, d'entrer dans un jardin tranquille, frais, ombragé, souriant. »

Ce jardin, dès les premiers jours, il l'avait habilement dessiné, s'inspirant du modèle des Coccinelles. A mesure que l'Union se développait, il la divisait en groupes ayant chacun un chef à leur tête. Pour maintenir l'unité de l'U. C. M., il décidait que chaque chef écrirait comme simple membre dans le cahier d'un autre groupe et il faisait circuler les cahiers terminés.

Grâce à ces heureuses dispositions il réussit à créer cette amitié si bienfaisante qui lui faisait écrire à Mlle P. :

« Non, nous ne sommes pas séparés, malgré la distance et les frontières. Voyez-vous, on se sent tout près les uns des autres, quand on a les mêmes façons de penser, quand on est placé aux mêmes points de vue et qu'on a les mêmes désirs et les mêmes espoirs. Nous nous retrouverons, sinon ici-bas, du moins Là-Haut, ce soir à la fin de la journée... D'ici là l'essentiel est de bien travailler. »

De bien travailler, on comprend assez comment il l'entendait et quel travail de perfectionnement sur soi et de charité envers les autres il croyait que les malades peuvent entreprendre. Il était toujours à la recherche de tout ce qui pouvait améliorer le sort de ses compagnons de maladie et il sentit bientôt tout l'intérêt qu'il y avait à donner dans les cahiers des conseils, des renseignements pratiques. Il acceptait qu'on y fît part de certaines expériences personnelles, de recettes même de cuisine ou autres : il y interdisait seulement les conseils médicaux comme trop dangereux. « Telle drogue nous a réussi, disait-il, ce n'est pas une raison pour qu'elle ne tue pas notre voisin. »

Mais c'était bien plutôt aux conseils moraux qu'il songeait et il trouva peu après la constitution de l'U. C. M. une occasion singulièrement grave d'en donner.

Le premier cahier était parti en mars 1914 ; le 2 août, la guerre était déclarée, séparant et attristant toutes les familles, laissant les malades plus seuls, plus désemparés encore, leur faisant mieux sentir, surtout aux jeunes gens, combien ils étaient différents des autres hommes et leur posant ce problème angoissant de savoir comment eux aussi ils pourraient servir leur patrie.

Louis Peyrot était trop bon Français pour ne pas souffrir cruellement de cette incertitude ; avant d'accepter cette nouvelle épreuve, avant de voir clairement quel était son devoir, il eut un moment de révolte.

« Il faut, écrivait-il le 11 août 1914, que j'aie bien peu de patience, puisque les derniers événements me l'ont toute enlevée. En voyant partir — et avec quelle splendide et courageuse gaîté ! — tous les jeunes gens du pays pour la frontière, j'ai senti mon cœur se remplir d'amertume ; il faut presque dire de révolte. Quoi ! rester sur une chaise-longue pendant que les autres se battent ! En m'analysant, j'ai bien vu d'ailleurs que mon amour-propre souffrait beaucoup plus que la simple et légitime émulation. J'avais surtout honte de rester à l'abri... Et maintenant devant vous j'ai honte d'avoir eu cette honte et de n'avoir pas accepté et aimé tout de suite la volonté de Dieu. »

Il ne tarda pas cependant à la voir. Il appliqua à la guerre la vue surnaturelle qu'il avait de toute chose. Il la conçut comme une grande expiation et il lui sembla que le rôle des malades pouvait n'y pas être médiocre.

« Je suis frappé de ceci, écrivait-il le 5 septembre : les catholiques sont unanimes dans leur façon d'envisager la guerre actuelle. Elle doit être une expiation et le point de départ d'un relèvement moral et religieux. Nous montons en ce moment notre calvaire, mais la France aura sa résurrection. Il est certain que notre conscience nationale est chargée de crimes. Nous sommes la seule nation qui ait officiellement renié Dieu. Et nous sommes de toutes les nations celle qui a montré aux autres l'exemple de la dépopulation. Oh ! cette restriction volontaire de la natalité ! ce crime des crimes ! l'homme, par égoïsme et par vanité, refusant de collaborer avec Dieu à la création. Je ne sais rien de plus triste que le silence des maisons sans enfant, ou ce demi-silence peut-être plus effrayant encore des maisons trop grandes pour les rares héritiers qu'on y gâte !

« Il était juste de craindre que le Seigneur, cédant à sa colère, ne détruisît une nation aussi oublieuse de ses devoirs. Il y a trois mois les élections détestables autorisaient tous les pessimismes. Je vous avoue qu'à ce moment-là j'ai désespéré de la France.

« J'avais tort, comme tous les pessimistes. Il y avait ce mouvement des jeunes vers l'Eglise qui est une promesse ; il y avait surtout les innombrables prières, les dévotions inconnues de tant d'humbles catholiques qui se consacrent aux œuvres multiples : les Conférences de Saint-Vincent de Paul, la Protection de la Jeune fille, les œuvres ménagères, les ouvroirs, l'Œuvre des Pauvres, la Propagation de la Foi, que sais-je ? Il y avait les prières que nos religieux expulsés adressent au ciel pour leurs bourreaux : Pardonnez-leur, mon Dieu, ils ne savent ce qu'ils font ! Il y avait l'armée de nos missionnaires plus nombreux que ceux de tout le reste du monde.

« Non, la France ne pouvait pas périr. Mais elle méritait d'être durement châtiée. C'est pourquoi Dieu nous a envoyé les Barbares.

« Et maintenant qu'allons-nous faire, nous autres, malades ? Prier, c'est évident. Mais aussi prendre notre part de l'expiation nécessaire afin de hâter la rédemption de notre pauvre Patrie. Offrons tout de bon cœur, depuis nos impatiences de ne pas combattre jusqu'à la fièvre, si nous en avons. Mortifions-nous au besoin. Faisons pénitence avec une ardeur inquiète : la France en attendant souffre tant ! »

Il offrait à Dieu la souffrance que son inaction lui causait et il conservait son optimisme :

Néris, 27 décembre 1914.

« J'ai infiniment aimé, chère Mademoiselle, cette phrase où vous dites qu'il faut offrir à Dieu nos incapacités ! C'est toute une attitude que vous définissez là. Nous nous sentons, en présence du mal sous toutes ses formes, emportés par d'immenses désirs. Nous voudrions chasser les Boches, convertir les francs-maçons, répandre l'or à profusion sur les malheureux, soulager les souffrants, que sais-je ? Et nous sommes à peu près incapables de tout ! Alors oui, la seule chose qui reste à faire, vous avez raison de s'agenouiller et de dire au Seigneur : « O mon Dieu, vous qui êtes tout-puissant et tout miséricordieux, arrangez tout cela qui cloche, réparez le mal. Que votre Règne arrive, Seigneur ! Prenez nos petites prières, nos misérables efforts, bénissez-les, comme vous fîtes des cinq pains et des poissons, et que ce peu étant multiplié par votre pouvoir infini vienne à bout de la tâche qui nous dépasse tant. »

13 *Mars* 1915.

« Et je ne peux m'empêcher de penser que cette grande catastrophe européenne se soldera finalement par un progrès de la morale universelle. Etes-vous de ces gens sages qui jugent que l'homme ne change guère et que l'ensemble humain est aussi vicieux aujourd'hui qu'au temps d'Adam et d'Eve ?

« Pour moi, je crois réellement au progrès moral de l'humanité. Les institutions, les codes. « l'opinion publique », deviennent meilleurs petit à petit. Et les grandes crises comme celle que nous vivons y contribuent particulièrement, en ouvrant toutes grandes sur notre pauvre nature les vannes du surnaturel divin. Comment d'ailleurs pourrait-il y avoir stagnation morale de l'humanité après les grâces immenses répandues sur le monde ? Comment la Rédemption n'aurait-elle pas lancé le monde vers Dieu d'un mouvement qui peut hésiter parfois, mais ne s'arrêtera pas ?

« Y aura-t-il quelque chose de changé après la guerre ? Les pessimistes sont des imbéciles et des malfaiteurs publics. A quoi bon se demander s'il y aura quelque chose de changé et ce qu'il y aura de changé ? Il ne faut pas se le demander c'est du bavardage inutile. Il faut travailler à changer, voilà, et chacun de nous y peut quelque chose, si peu que ce soit. Chacun de nous peut quelque chose pour que, après la guerre, la France soit plus chrétienne, meilleure, plus près de Dieu... C'est pourquoi il ne faut pas négliger un effort ni se croire par une excessive modestie inutile et en tirer argument pour ne rien faire. »

Cette valeur des souffrances courageusement acceptées, il en eut une preuve visible lors de la mort de son ami T., qui survint pendant la guerre.

« Il parle de sa fin, écrivait-il à Paul P., avec un sang-froid parfait et dont on sent qu'il n'est pas feint. Pour un peu, je lui dirais : Souhaitez le bonjour à Mlle de G. et serrez la main à R. Ah ! mon vieux, on peut mourir pour la France ailleurs qu'à la frontière. J'ai l'impression que ces malades qui s'en vont si pieusement, on peut dire si saintement, paient de leur sacrifice une belle part de la rançon surnaturelle de la France. Et notre U. C. M. aura eu une part splendide à l'expiation. »

Cependant la guerre, en se prolongeant, lui faisait concevoir un autre moyen de servir.

« La guerre continue, écrivait-il en octobre, la guerre sera longue et je vois bien, mes chers amis, que nous nous posons tous et reposons la même question : comment nous mettre, nous aussi, en campagne ? de quelle façon, par quel biais collaborer, malgré nos infirmités, à cet effort immense de grandissement de notre patrie ?

« Nous en reparlions, P. et moi, pour la centième fois hier, à l'heure du crépuscule, en arpentant les allées où commencent à bruisser sous les pas les feuilles mortes. Sans doute tous dans notre Union nous avons immédiatement vu le devoir de prier et nous nous y livrerons jusqu'à la fin avec opiniâtreté. Moi, entre parenthèses, pourquoi ne pas tout dire, pourquoi garder des pudeurs excessives avec des amis ? je vous avouerai que je n'ai jamais tant prié de ma vie. Si peu que vaillent ces oraisons, le Bon Dieu recevra bien au moins notre bonne volonté.

« Mais enfin, la prière ne peut pas remplir nos journées. Alors ?

« Eh bien ! je crois que le rôle des malades pourrait être de faire dans leur milieu du courage, de la confiance et de la joie. Nous devrions être des foyers d'idéalisme, quelque chose comme des soldats à l'intérieur combattant le pessimisme, les fausses nouvelles, les oiseaux de mauvais augure qu'il y a partout. Il nous reste la tâche qu'avait si splendidement entreprise A. de Mun qui, tous les jours, par ses articles de l'*Echo de Paris*, s'appliquait à tourner les âmes vers En-Haut, à unir les cœurs et à tendre les volontés.

« Il y a et il y aura toujours davantage des blessés grièvement, amputés, infirmes pour le reste de leur vie. Et nous sommes évidemment désignés pour être les appuis de ces pauvres gens qui vont avoir à faire le douloureux apprentissage de l'infirmité... En l'absence d'une foule d'hommes utiles, je me demande aussi s'il ne se trouvera pas de menus rôles de la vie sociale et économique que nous pourrions tenir. »

Il était alors dans sa famille à Néris où les blessés arrivèrent bientôt nombreux à l'hôpital. Il obtint avec son ami P. d'y faire « quelques paperasseries. C'est tout à fait peu intéressant, mais puisque ça rend service aux blessés, nous nous appliquons, et P. arrive à écrire lisiblement ».

Cet éloignement des champs de bataille lui pesait tant qu'en décembre il se décida à écrire à Maurice Barrès. Il espérait obtenir par son intermédiaire d'être envoyé au front et occupé à couper les fils de fer barbelés.

« Pourquoi, pensait-il, ne pas employer dans ces missions périlleuses et meurtrières des gens comme nous voués d'une façon ou de l'autre à la mort, mais qui seraient ainsi capables, transportés immédiatement au lieu de l'action, de tenir bon quelques jours et ainsi d'épargner d'autres vies ! »

Barrès lui répondit que sa généreuse idée n'était pas réalisable, mais qu'il devait « se guérir et aider alors à reconstituer la France de demain ».

Il savait bien, hélas ! qu'il ne pourrait pas travailler à cette reconstitution ; mais il savait aussi qu'il devait besogner avec d'autres armes. « L'essentiel, avait-il écrit un jour à ses unionistes, est qu'il n'y ait pas d'embusqués moraux. »

A aucun moment, il ne fut, lui, un embusqué moral ; et quoique son inaction physique lui pesât lourdement, son activité surnaturelle pouvait le consoler amplement.

Cette activité allait s'épanouir, même après sa mort dans l'œuvre qu'il avait fondée et qui prend, d'année en année, un plus grand rayonnement.

CHAPITRE VI

L'U. C. M. depuis la mort de Louis Peyrot

L'Union catholique de Malades, que Peyrot avait ainsi fondée, s'est aujourd'hui développée au point que les trois groupes du début sont devenus maintenant quatre-vingt-six. Elle continue à apporter à un nombre toujours croissant de malades et d'infirmes le réconfort d'une sympathie joyeuse et d'un secours surnaturel. Car l'U. C. M. a beau avoir dépassé les frontières de France et même de Suisse pour essaimer en Belgique, en Allemagne, en Italie et jusqu'au Canada, elle s'inspire toujours de l'esprit qui l'avait fait naître ; son succès ne lui a même pas fait perdre les formes matérielles, que Louis Peyrot avait conçues pour elle.

D'abord l'U. C. M. a conservé absolument intacte l'idée, qui était même plutôt un sentiment chez lui, que les classes sociales ne doivent séparer personne, les malades moins que tout autre. Y a-t-il en effet plusieurs façons de souffrir ? Est-ce que les hommes et les femmes qui sont condamnés à passer leur vie dans leur lit ou dans leur chambre n'ont pas tous une façon un peu semblable de sentir et même de penser ? Combien de malades ont expérimenté que les consolations les plus sincères qu'essaient de leur apporter des personnes bien portantes tombent souvent complètement à faux et font presque plutôt souffrir, tandis que le moindre mot, le regard même d'un voisin d'hôpital peut donner plus de joie au cœur que la plus savante des homélies. Malades riches et pauvres, ignorants et savants se comprennent toujours et s'aiment et c'est sur cet amour qu'est fondée l'affectueuse intimité qui fait le charme des cahiers. Tel qui en face de l'épreuve se sentait révolté et s'enfermait dans un égoïsme boudeur sentira son âme dilatée et adoucie par le contact des autres souffrances vaillamment supportées.

Tous les membres de l'U. C. M. sont répartis entre des groupes d'une dizaine de malades. Puisqu'il s'agit surtout de communiquer par un cahier circulant, il importe évidemment que ce cahier ne mette pas trop longtemps à faire son tour. Chaque groupe a un chef, dont Peyrot avait admirablement compris et exposé le rôle.

« Il me semble, écrivait-il peu avant sa mort, que le chef de groupe a un triple rôle : il doit être à la fois un hôte, un maître et un apôtre.

« *Un hôte* : D'abord le chef est comme un maître de maison qui reçoit. Nos messages font comme une conversation que doit diriger le chef. Les règles à suivre seront celles de la bonne hospitalité. Faire que tous s'intéressent à la conversation, qu'aucun ne soit oublié, ni négligé, s'adresser à chacun en particulier et lui faire sentir qu'on s'intéresse spécialement à lui ; maintenir l'équilibre et, s'il y a lieu, l'entente.

« On s'intéresse à la conversation, en général, dans la mesure où l'on y prend part : c'est pourquoi cette idée du message collectif est un trait de génie d'Adèle Kamm. Encore faut-il, et c'est à quoi doit veiller le chef, que chacun ait l'occasion de parler ou d'écrire sur des sujets qui le touchent de près. Le chef peut faire naître ces occasions, demander à celui-ci de ses nouvelles, à celui-là quelques détails sur sa vie, que sais-je ? Il y faut de la discrétion en même temps qu'une curiosité affectueuse. Il faut arriver à faire s'ouvrir les âmes sans forcer leur intimité. Il y faut une délicatesse extrême.

« *Un maître* : En second lieu, le chef doit être un maître qui enseigne. Principe : Un message, pour être bon, doit apprendre quelque chose à ceux qui le lisent. *A fortiori* si c'est le message d'un chef. Evidemment se méfier comme de la peste de la pédanterie, des lieux communs. Et, comme on ne peut pas toujours tirer de son propre fonds une idée originale, s'aider de citations bien choisies, par exemple, ou conter quelque joli trait, quelque beau geste aperçu autour de soi, ce qui est édifiant, tonique. (Là est le véritable optimisme : publier les belles actions pour leur donner plus de retentissement et multiplier leur force d'exemple.)

« A cet égard le sujet pivot est à essayer. J'y vois trois avantages : 1° Habituer les correspondants à la méditation ou du moins à la réflexion ; 2° leur inspirer des idées élevées ; 3° leur inspirer le goût de la lecture par les citations, faits et ouvrages indiqués.

« *Un apôtre* : Enfin il n'y a pas de doute que le chef doive être un apôtre. Il doit consoler ses compagnons, leur rendre confiance et espérance, leur montrer le chemin et les aider à le gravir. Je me représente les choses comme ceci : un sentier montant et difficile, le chef en tête explorant et faisant les plus rudes expériences. Derrière lui, la file de ses compagnons à différentes distances, et le chef se retournant et les guidant à chaque instant, indiquant à l'un une branche où s'accrocher, montrant à l'autre un mauvais pas à éviter, encourageant toute la troupe et stimulant les traînards. »

Ces chefs ont d'abord pour mission de lancer le cahier et d'établir son ordre de marche ; il est recommandé de ne pas garder le cahier plus de trois jours, de sorte que le tour complet s'étend sur une période d'un mois à six semaines.

L'envoi se fait par la poste ordinaire sous une enveloppe quelconque de papier. Il y eut au début beaucoup d'hésitations et de tâtonnements. Allait-on recommander le paquet ? Emploierait-on un tube de carton ? Plierait-on les cahiers ? L'expérience eut vite appris qu'on pouvait sans inconvénient faire ces envois le plus simplement du monde. Les cahiers se perdent très rarement et ne s'abîment pas. On a acheté des cahiers de la taille d'un petit papier à lettres non plié, suffisamment solides et assez légers. A chaque passage le chef de groupe ou l'agent de liaison enlève le cahier qui a fait le tour complet et en ajoute un blanc. Car pour garder le lien entre tous les membres de l'U. C. M. chaque chef de groupe écrit aussi dans le cahier du groupe voisin où il est agent de liaison.

On demande que les messages n'aient pas moins de deux pages et pas plus de six. Les idées de Peyrot ont été sagement maintenues par les chefs de groupe et on retrouve toujours dans les cahiers cette intimité affectueuse, gaie et courageuse, qu'il avait su inspirer à ses premiers amis. L'idée du sujet-pivot, sans être abandonnée, n'est pas d'un usage constant. Parfois le chef ou un membre proposent un sujet de conversation, sur lequel chacun donne son avis. Mais on se laisse le plus souvent aller à des bavardages, comme dans une lettre à un ami, et, quoique la plupart des correspondants soient souvent durement éprouvés par la maladie, aucun des messages n'est triste ; c'est au contraire le courage et la joie qu'on y puise.

Voici comment un chef récemment nommé faisait part de ses nouvelles fonctions à ses camarades :

« Mes pauvres amis, je viens faire appel à toute « votre amicale pitié, à votre bonté souriante mais pas « trop moqueuse. Je suis très à plaindre. Mon embarras « est complet, je vous l'avoue. Quelqu'un d'entre vous, « très sympathique à nous tous, m'a joué un double « tour : fatiguée de sa houlette de chef de groupe, « elle a fait appel à quelqu'un d'entre vous ; mais, « sans le vouloir, elle a oublié de faire les présentations « d'usage. Ainsi cette élection, pas démocratique du « tout celle-là, par cooptation, diraient MM. les « Juristes, doit vous être annoncée par le pauvre « élu...

« Hélas ! mes bons amis, c'est pourtant à moi, « pauvre blanc-bec de 30 ans, que Mme de Ravinel a « demandé d'être « assez charitable » pour accepter de « bien vouloir être ce qu'elle était pour votre groupe... « Et qu'allez-vous penser d'un choix aussi tragi- « comique ? Cette fois, je ris jaune.

«... Justes cieux, ma plume se paralyserait net si, « en méditant le petit règlement des chefs de groupe, « je ne m'apercevais pas que mon rôle est plus surna- « turel que diplomatique, plus moral que social. Prier « d'une façon plus spéciale pour chacun, cela ne « change pas ; être en relation particulière avec ceux « ou celles qui ont besoin d'un peu de réconfort immé- « diat... cela devient plus délicat... Que voulez-vous ? « Le vin tiré doit être bu. J'ai eu l'épouvantable « hardiesse d'accepter. Donc, mon cher troupeau « aimable, considérez-moi toujours bien comme par « le passé, comme un jeune ami qui aime rire et taqui- « ner. Ne me faites pas pleurer par votre réserve « comme si j'étais devenu subitement un important « personnage.

« Il y a beaucoup de changement dans notre cher « petit cercle du fait de cet abandon de notre chère « Présidente, mais pas de changement de vous à moi et « de moi à vous, n'est-ce pas ?

« ... Mon règne, évidemment, ne vaudra pas le « précédent, mais pardonnez-moi d'avance toutes « mes maladresses futures : il est impossible que mon « inexpérience, mon caractère impulsif et emballé « puissent me permettre d'atteindre seulement le pied « de Mme de Ravinel. Acceptez-moi tel que je suis « avec tous mes pauvres défauts et attendez-vous un « jour ou l'autre, peut-être pas lointain, à me voir vous « tirer ma révérence et vous proposer un ou une autre « chef. »

Et, pour des transmissions de pouvoir encore plus importantes, voici comment le second président, Jean Girardot, a investi Mme de Ravinel qui lui a succédé :

Pesmes, 6 février 1917.

AUX CHEFS DE GROUPE

MES CHERS AMIS,

« Une petite alerte me montre que ma santé décline assez vite et comme je suis à la merci d'un brusque accident, je n'ai pas voulu attendre la dernière minute pour mettre en ordre certaines choses de l'U. C. M.

« Cela n'aggravera pas ma santé de prendre dès maintenant ces dispositions et mon esprit sera en repos.

« J'ai demandé à Mme de Ravinel de bien vouloir prendre la Direction générale de l'Union Catholique de Malades. La manière si parfaite avec laquelle elle a dirigé la Province de Suisse et les succès qui ont couronné ses efforts la désignent tout naturellement.

« Si j'ai tenu à vous laisser un mot après moi, mes chers amis, c'est que je veux vous remercier de tout ce que je vous dois. Et c'est immense, ce que je vous dois : au moral, bien souvent vos lettres sont venues ranimer une ardeur expirante, chasser l'abattement, le cafard des journées noires. Et cela aussi est vrai de toute l'U. C. M. Vous remercierez donc tous vos membres pour moi, pour le réconfort et la patience qu'ils m'ont apportés et demandez-leur maintenant de prier un peu pour moi.

« Qu'aurais-je fait aussi sans votre aide, vos conseils, votre appui et les idées qui naissaient dans vos cerveaux, je n'aurais pas fait grand'chose, je ne serais pas allé loin.

« Quand j'entendais l'un ou l'autre de vous me dire : Maintenant tout ce qui me reste de vie est consacré à l'U. C. M., je vous assure que j'aurais pleuré de joie et j'avais de la force pour quinze jours.

« Continuez, mes chers amis, la belle tâche que vous avez entreprise pour répandre le bien et par contrecoup la joie chez les malades que nous aimons tant.

« En ce moment je pense successivement à chacun de vous en particulier ; et, à chacun, je dis du fond de mon cœur : Merci et à Dieu. »

Jean GIRARDOT.

Cette lettre écrite le 6 février 1917 fut mise à la poste le jour de la mort de Jean Girardot. Sa mère avait ajouté sous la signature ces simples mots : *pieusement décédé le 27 juillet* 1917. Ainsi l'U. C. M. apprenait, en même temps, la mort de son second Président et l'heureux choix de Mme de Ravinel comme directrice générale de l'Œuvre.

Rien ne peut faire mieux sentir la qualité de cette amitié unissant entre eux les divers membres d'un groupe que les citations de quelques-uns des messages. En voici un complet qui montrera le ton habituel, toujours simple et affectueux, de cette correspondance :

« MES CHÈRES AMIES,

« Je suis très contente de la façon dont notre pigeon « a fait son tour de France. Il m'est arrivé ici exacte- « ment 40 jours après son départ. Pour un voyage en « 11 épisodes ce n'est pas mal du tout. Tous mes « compliments.

« Je ne suis pas seulement fière de son vol rapide « je suis heureuse aussi de toutes les bonnes choses « qu'il m'apporte entre ses ailes. Songez donc, « plus « on a d'amis, plus on a de joies », disait saint Augustin. « Et me voilà donc à la tête de dix joies, toutes aima- « bles, toutes aimantes, et pourtant si différentes les « unes des autres qu'à connaître chacune d'elles, on a « l'impression d'entrer chaque fois dans un pays « nouveau.

« Ma première joie, Yvonne, est — paraît-il — une « hirondelle qui ira bientôt nicher sous le rocher de « Massabielle. Oh, chère petite Yvonne, emportez-« nous toutes avec vous, et soyez notre ambassadrice « auprès de la Vierge de Lourdes. On l'aime tant à « l'U. C. M. la Vierge Immaculée ! Mais, j'y pense : « peut-être allez-vous retrouver là-bas des camarades « de l'Union ; alors pour vous repérer dans la foule « il faut que vous arboriez l'insigne peu coquet, mais « voyant. Vite écrivez à... C'est elle qui est chargée « d'expédier les insignes. Cette... décoration est déli-« vrée illico, sans formalités et sans frais. J'en dis « autant à ma cinquième joie, Anne-Marie. Hélas, « il est trop tard pour ma petite Marie-Louise, puisque « son pèlerinage est déjà chose faite. C'est tout de « même dommage que je ne l'ai pas su, je vous aurais « fait faire la connaissance de deux pèlerines, non « écossaises, mais unionistes, du groupe 26.

« Quant à Geneviève, nous ignorons quel fut son « voyage, sacré ou profane, lointain ou aux rives « prochaines, mais qui nous priva du plaisir de la lire « longuement. Chère Geneviève, rattrapez bien vite « cela, et contentez notre amicale curiosité, sans quoi « nous soupirerons comme Verlaine : « Est-elle brune, « blonde ou rousse ? Je l'ignore... » Et Henriette... de « France (celle qui a les bras si longs) ne pourra attirer « sur son cœur qu'un fantôme à la robe couleur de « temps.

« Tout en lisant vos pages, j'ai constaté, mes « chères amies, qu'il était parmi vous trois orphelines ; « celles-là — que les autres me pardonnent — je sens « que je vais les aimer plus encore que les autres ; « n'est-ce pas, les autres, que vous ne m'en voulez « pas ? et même je parie que vous allez m'aider à faire « de ce groupe un petit nid bien chaud, bien maternel, « où nos trois orphelines pourront se réfugier et se

« retremper. Des chères affections perdues nous « tâcherons d'être un petit reflet.

« Chère Henriette — de Navarre cette fois — quel « bonheur de penser que vous avez regagné le foyer « après le dur sacrifice de cette séparation. Vous allez « recevoir « l'apostolat d'un malade » que vous passerez « à nos amies, ainsi je crois que tout le groupe connaî- « tra Louis Peyrot et les origines de notre union.

« Quant à notre connaissance réciproque, déjà bien « ébauchée par ce premier tour de messages, elle « pourrait se compléter de la façon suivante : chacune « de nous décrirait l'emploi de sa journée. On aurait « ainsi un petit horaire des occupations de l'une et de « l'autre. En y ajoutant ce que nous voyons de notre « fenêtre nous aurions une idée assez précise de nos « vies. Voulez-vous ?

« Chère Yvonne, voudriez-vous avoir l'obligeance « d'expédier les cahiers à... Mlle... est un peu notre « mère à toutes puisque c'est entre ses mains que « repose (?) le sceptre de l'U. C. M. En l'espèce le « sceptre est un stylo ; et le pauvre il ne « repose » « guère, oh non, il se trémousse tout le temps, et celle « qui le tient, si elle ne se trémousse point — puis- « qu'elle est hélas paralysée — n'arrête point de « travailler pour ses 50 essaims de l'Union.

« Maintenant, mes chères amies, j'ai encore quelque « chose à vous demander : chaque groupe de l'U. C. M. « arbore en tête de ses cahiers une devise qui a été « choisie par ses membres. Vous seriez donc bien « gentilles de vous mettre en quête de cet article-là. « Que chacune dise simplement son idée. Nous vote- « rons ensuite. Je vous rappelle seulement qu'une « devise pour être bonne doit être claire et courte. « On doit pouvoir se la redire aux heures difficiles pour « s'entraîner.

« Chère Lucie, vous avez décrit excellemment les

« renoncements de ceux qui vivent dans la mêlée et qui « n'en peuvent plus... Alors vrai, Esther, vous êtes « Arlésienne ? Arles, pays du saucisson, du nougat et « des plus belles femmes du monde. J'aimerais tant « aller à Arles !

« Chère Andrée, je connais et j'aime le vôtre pour « l'avoir vu quelques mois avant la guerre. Je me « souviens d'une église très belle, mais au dallage un « peu moussu. Il ne devait pas y avoir de curé, n'est-« ce pas à L... en 1914 ?

« J'arrive au bas de ma sixième page ; dépêchons. « Mes chères toutes, notre aumônier général a composé « sur notre désir un tout petit acte d'offrande que « les Unionistes sont invités à dire chaque matin : « *Seigneur Jésus, je vous offre mes souffrances en union « avec les souffrances que vous avez voulu supporter « pendant votre séjour ici-bas, et je les unis aux dou-« leurs de ceux et de celles qui, dans notre Union, s'ef-« forcent d'utiliser la dure épreuve pour grandir dans « votre amour.* »

« Voulez-vous que nous nous retrouvions chaque « matin dans cette prière collective ? Toute mon « amitié bien vive. »

« X... »

Quelques passages maintenant des messages des simples membres.

« C'est très agréable de penser que maintenant « nous nous connaissons tous, et c'est plus avec mon « cœur qu'avec mes yeux que j'ai lu tous vos messages. « Et je pense que nous deviendrons bons amis sans nous « connaître « de visu ». J'ai été émue à la lecture de vos « souffrances, chers amis, dès maintenant, je ne passe-« rai pas un jour sans prier le Bon Dieu de les alléger.

....

« Il y a déjà quelques jours que j'attends vos « messages ; voyez-vous, sans vous connaître, je « m'ennuyais de vous. En lisant toutes vos misères « supportées courageusement, je ne peux retenir mes « larmes. J'ai pourtant bien souffert, et voilà que je « suis obligée de croire qu'il y a aussi et plus mal- « heureux que moi. C'est justement parce que j'y ai « passé que je vous comprends tous davantage. »

On pourrait craindre une certaine timidité dans les débuts... mais cela ne dure pas, la seule présence des cahiers fait fondre la glace. Qu'on en juge :

« Enfin le voilà ce petit cahier tant désiré et en « même temps redouté. Mlle G... ne s'est pas doutée « qu'elle me faisait faire un acte héroïque en me pro- « posant de faire partie de l'U. C. M. J'avais très peur. « Correspondre avec de vieux amis, ça va tout seul, « mais avec des amis qu'on n'a jamais vus, c'est autre « chose. Je me représentais le dit cahier comme le « cahier de roulement qu'enfants nous avions en « classe, que chaque élève possédait un jour, et sur « lequel elle devait travailler avec beaucoup d'appli- « cation parce que c'était ce cahier que l'on présentait « aux notables de l'école ; aussi, chaque fois que je « l'avais, j'étais si émue que d'avance j'étais sûre d'y « écrire des sottises.

« Mais, maintenant, chères bonnes amies, je suis « toute heureuse d'avoir fait votre connaissance, j'ai « lu avec beaucoup d'intérêt vos vies émouvantes, « j'ai été touchée de la manière simple et charmante « dont vous parlez de vos épreuves, je sens que je vous « aimerai bien, et j'aurai grand plaisir à correspondre « avec vous. »

Et les cahiers dès lors prennent vite une place prépondérante dans la vie de nos infirmes :

« Il est arrivé ce cahier que j'attendais avec impa-
« tience, car, dans ma vie de recluse, c'est une dis-
« traction, mais aussi et surtout un réconfort. »

La crainte de ne pas écrire correctement ne gêne pas nos amis, tellement ils sont persuadés que la correspondance n'est qu'un moyen, l'essentiel étant l'union des âmes dans la prière et le sacrifice. De la prière on en parle souvent... du sacrifice, moins : après les ouvertures nécessaires des débuts chacun s'efforce de s'oublier pour rendre ses messages alertes et gais. Chacun le sait bien à l'U. C. M. que la vie d'infirme est faite surtout de sacrifices.

Voici les messages du début de deux grandes « sacrifiées » :

« Je n'ai pas lu sans un très grand plaisir le mot si
« bienveillant et si gracieux de Mme de Ravinel
« pour cette nouvelle amie un peu trop inconnue parmi
« vous, je le constate, mais aujourd'hui je vais me faire
« connaître davantage et vous persuader que je suis
« loin de me trouver malheureuse.
« Le sana est très bien situé, mais je n'en ai encore
« rien vu puisque voilà huit ans que je suis couchée ici.
« J'y suis arrivée sur un brancard et plâtrée, de sorte
« que je n'ai jamais rien visité. Je ne jouis que de l'air
« puisque je ne puis pas quitter mon lit, ni m'asseoir
« non plus ; à vrai dire il ne me reste qu'un bras de
« libre, mon autre bras gauche est toujours bien enflé
« et mes abcès coulent toujours. Si Dieu, dans sa
« miséricorde m'accordait une guérison complète,

« quel grand miracle ! Je ne lui demande rien. Dieu « est un bon père, il sait mieux que moi ce qu'il me « faut, et je m'incline sous sa divine volonté. Mais, « je puis bien vous le dire, je serais bien heureuse « qu'il me rappelle à Lui. Je souffre certainement et « suis pourtant heureuse : oui, heureuse d'avoir la foi, « heureuse de souffrir pour les pauvres pécheurs. »

Une autre écrit :

« Mes chers amis, en me présentant parmi vous, « je vous adresse les meilleurs souhaits pour votre « santé. Maintenant, mes chers amis, pour que vous « puissiez faire ma connaissance sans plus tarder « je vais vous conter mes misères. Je sais que l'on « vous a déjà parlé de moi. Comme je l'ai dit à M. G., « je suis atteinte de la moellite depuis 27 ans... et je « suis âgée de 28... J'ai marché un mois dans ma vie. « Cette triste maladie m'a paralysé les deux jambes « et le bras droit, mais, grâce à la Providence du Bon « Dieu, je marche assise sur une chaise, je fais tout « de ma main gauche et je me rends utile. Je reste « seule avec mon père qui travaille toute la journée, « donc je ne suis jamais sans rien faire : je fais mon « petit ménage, ma cuisine, et le temps qui me reste « à la couture. Mes chers amis, si je vous fais ce récit, « ce n'est pas pour me vanter, c'est, tout simplement, « pour vous prouver que le Bon Dieu n'abandonne « jamais ses enfants et qu'il faut être toujours cou- « rageux, puisque la vie n'est faite que d'épreuves. »

Après la lecture de ces deux messages d'une navrante simplicité, les quelques lignes qui suivent, extraites du cahier des chefs prennent tout leur sens :

« A l'U. C. M. les intellectuels malades ne doivent « pas se mettre ou rester dans leur tour d'ivoire. Le

« contact avec des âmes peu affinées par l'éducation ou « l'étude est précieux, c'est même une nécessité pour « les intellectuels d'abord et les gens dits cultivés. « Si certains malades gardent assez de snobisme et « d'esprit mondain pour dédaigner (ou ne pas oser) « de faire partir d'un groupe où ils rencontrent des « humbles, tant pis-pour eux, leur place ne paraît pas « être à l'U. C. M. Louis Peyrot a assez payé d'exemple.»

Tous les malades, en mettant en commun leurs souffrances, s'entraînent à la résignation ; mais cette résignation n'est pas apathie. Elle est une vertu active inspirée par la religion :

« ...Ai-je besoin de vous dire qu'au cours de toutes « mes épreuves la religion fut mon meilleur soutien, « le seul, oserai-je dire, mais combien puissant ! « J'offre tous les jours mes souffrances à Dieu et je « m'en remets à Lui pour qu'Il y mette fin quand Il le « jugera bon. Ne croyez pas pourtant que je suis un « résigné » : j'ai lutté toute ma vie, je continue, voilà « tout, il n'y a que l'ennemi qui change. Je m'incline « devant Dieu, mais non pas devant les maux qu'il « m'envoie. Je vis ma *vie*, et non pas ma *souffrance* et « je crois agir selon la volonté divine. Je considère que « je traverse une période difficile de mon existence « et je vais même jusqu'à compter sur les compensa- « tions de l'avenir ! Ceux d'entre vous qui se soignent « depuis longtemps penseront peut-être : « En voilà « encore un qui a des illusions, ça lui passera avant que « ça ne me revienne ! » Mon Dieu, j'ai peut-être moins « d'illusions que je ne parais en avoir, mais je vis « comme si j'en avais beaucoup et c'est cela qui est « important. Il y a un repli de notre âme où se cachent « nos désenchantements, nos désillusions, nos pénibles « certitudes des réalités de l'existence ; n'y puisons pas,

« mes chers amis, n'allons pas cueillir dans ce triste « verger certains fruits mauvais de l'expérience. « Ayons la Foi, la Confiance, soyons des âmes simples, « ne taillons pas notre souffrance ainsi qu'un diamant, « ne soyons pas des coupeurs de fil en quatre. »

Quelquefois c'est pendant tout un tour qu'un groupe échange ses vues sur la souffrance :

« ...Oh, ce n'est rien d'extraordinaire, mais chacun « tâchera d'améliorer la recette selon son goût.

« La souffrance est toute « relative », son acuité « est le fruit d'une conception personnelle, et notre « imagination tend toujours à la grossir démesuré-« ment ; il faut donc réduire le rôle de l'imagination « par un raisonnement juste appuyé sur des faits « évidents.

« Ainsi, je me croyais déjà le plus accablé des hom-« mes quand je ne pouvais faire que quelques pas « avec des béquilles et que le moindre caillou pou-« vait me faire perdre l'équilibre. Or, aujourd'hui « j'apprécierais comme une grande faveur de reprendre « ces béquilles et de quitter ainsi mon lit, ne fut-ce « qu'une heure par jour. C'est donc qu'à ce moment-là « je n'appréciais pas les faits à leur juste valeur.

« Aujourd'hui c'est la même chose, si j'écoute « avec complaisance les plaintes de ma mauvaise « nature, je me trouve encore le plus malheureux « des hommes, mais « ça ne prend plus ». — Tu te « plains de l'immobilité continuelle et de n'avoir « d'autres distractions que la lecture ? songe que « ceux qui sont privés de leurs yeux seraient heureux « s'ils étaient seulement comme toi, s'ils pouvaient « lire...ton bras droit souffre aujourd'hui d'une dou-« leur sourde, agaçante ? mais cette douleur pourrait « être beaucoup plus vive, en somme, elle est très

« supportable...Tu trembles à la pensée que tes « souffrances s'aggraveront et qu'un jour peut-être « tu ne pourras plus les supporter ? ...A chaque jour « suffit sa peine, ne te préoccupe pas aujourd'hui « des souffrances qui viendront « peut-être » demain, « ou qui probablement ne viendront jamais ; le « présent seul nous appartient, l'avenir est à Dieu, « et Il saura y pourvoir...D'ailleurs tais-toi, carcasse, « tu dois obéir et non commander.

« Certes, me direz-vous, il est bien plus simple « et plus beau de répondre à toutes ces sollicitations « mauvaises, à toutes ces révoltes de la nature, par le « mépris, dans un «*Fiat* » continuel à la volonté divine ; « mais quand, comme à moi, le courage fait parfois « défaut il est bon de s'aider du raisonnement.

« En un mot ayons la conviction que nous pourrions « être beaucoup plus malheureux que nous ne sommes « et notre souffrance nous paraîtra plus légère...»

F. M.

« — Bravo, mon cher Monsieur M., vous m'avez « prodigieusement intéressée avec votre philosophie. « D'autant plus que cette philosophie est applicable « non seulement à la souffrance, mais encore à la joie, « et, je crois, à toutes les sensations. La même impres- « sion douloureuse peut être ressentie plus ou moins « profondément selon que le sujet est plus ou moins « sensible et cette impression de douleur peut être « réduite par le raisonnement...et parfois transformée « par une vue supérieure d'aquiescement à la Volonté « divine.

« Pour l'impression de joie c'est la même chose. « Les uns la reçoivent et la laissent s'élargir en ondes « infinies sur leur âme ; les autres, les esprits chagrins, « s'empressent de l'étouffer sous le fardeau des soucis « quotidiens, réels ou imaginaires...

« ... Et cela me remet en mémoire la charmante « pensée qu'une amie d'un groupe suisse écrivait, « il y a quelques années : « Les événements sont « comme l'eau pure, incolores et sans parfum ; ils « se transforment, deviennent tristes, beaux, doux, « amers, selon la qualité de l'âme qui les recueille ; « si nous n'avons qu'une influence affaiblie sur les « événements extérieurs, nous avons une influence « toute-puissante sur ce qu'ils deviennent en nous-« mêmes, c'est à dire sur la partie spirituelle, lumineuse « et immortelle de ces événements ».

M. G.

Mais ne croyez pas que ce soit des idées tristes qu'échangent les malades. Au contraire ils essaient toujours de réagir contre une tendance à la dépression. Comment ne pas citer cette réponse d'un chef de groupe à l'une de ses unionistes qui lui écrivait :

«...Je demanderai pour vous à Notre - Seigneur « ses meilleurs grâces, mais n'est ce pas un sombre « souhait, car qui dit grâces, pour Dieu, dit souf-« frances »

« — Ah, bien, merci, Mademoiselle, vous êtes bien « aimable, je vous l'assure, si c'est l'idée que vous « vous faites de Celui que l'on appelle le Bon Dieu, « je suis édifié... Sérieusement vous croyez que grâce « est synonyme de souffrances. Est-ce du Jansénisme ? « Ces rigoristes me feraient devenir farouche « anti-« clérical ». Si vous le devenez (rigoriste) ce sera de « votre faute si je deviens parpaillot...

« Non — et je ne crois pas être blamé par l'Eglise — « Dieu n'envoie pas que des souffrances à ses enfants ; « Il les gâte souvent et les gâterait plus souvent si « nous étions moins « ballots » et que nous pensions

« à lui dire merci pour toutes les joies, grandes et « petites, dont Il ensoleille notre route.

« ...De grâce, Mademoiselle, quittez ces théories « qui éloignent de Dieu. Souhaitez-nous le courage, « l'abandon filial dans les épreuves, oui, d'accord, « mais demandez à Dieu aussi de nous faire sentir « son infinie Bonté, son amour incommensurable, « afin que nos âmes, dilatées par la joie se jettent « éperdument dans ses bras. Dieu est Père, Mademoi- « selle, Il nous l'a assez prouvé, je pense, ne le regardez « pas comme un chirurgien cruel qui se plaît à faire « saigner toutes les âmes. Rien que l'Eucharistie est « un fait qui condamne vos théories rigoristes. »

A. R.

Un autre membre du groupe intervient :

« Je goûte infiniment la boutade incriminée. Mais « oserai-je avouer, à présent, que je me sentais toute « prête à souscrire à la phrase fameuse.

« Pour moi, toute joie fait un peu mal avant de « pénétrer, ou après, quand elle s'est envolée ; alors « tout se confond.

« Et puis, il y a peut être là affaire de tempéraments ; « je suis de celles qui ne font quelque chose d'à peu « près bien que dans les embêtements, et jamais « je n'en ai voulu à Adam et Eve de nous avoir ainsi « mis dans le pétrin... »

M. P.

De nouveau, le bouillant chef se récrie :

« ... Non, vous voulez rire, chère Mademoiselle P., « vous seriez contente du formidable gâchis où Adam « et Ève nous ont laissé choir ? Non, vraiment, je ne « peux guère en vouloir à nos premiers parents, à leur « place, sans doute, j'en aurais fait autant ; mais, « dois-je vous avouer que, parfois, dans mes grands

« embêtements (comme vous le dites si éloquemment) « je grogne contre eux et que je suis tenté de dire « comme ce brave homme « Ah ! ce pauv' pèr' Adam, « pouvait-y donc point rester tranquille » : Quand « j'ai le « cafard », il n'y a plus d'homme, je ne suis « bon qu'à dire un *Miserere* et à grogner pour me « détendre les nerfs. Je ne suis sans doute pas encore « arrivé à votre état de joie dans les embêtements, « bien que parfois j'aie senti ce bonheur de souffrir « en Union avec Jésus-Christ. Mais c'était de vrais « éclairs...

Et, revenant à sa première interlocutrice qui lui avait rappelé le mot de sainte Thérèse : « Cela ne m'étonne pas, Seigneur, que vous ayez si « peu d'amis, vous les traitez si mal ».

« — Ah oui, chère Mademoiselle R. vous avez dû « m'en souhaiter des « grâces » car peu de temps après « votre message mon coude droit a de nouveau suppuré, « et la fistule est là maintenant, me faisant souvent « pester ! Vous auriez pu tout de même me souhaiter « un brin de plus de chance : Heureusement que « Dieu met quelques roses à côté des épines, cela fait « avaler bien des amertumes. »

Le chapitre de la joie a été bien souvent étudié dans les cahiers :

« ...Je n'ai jamais pu comprendre qu'un chrétien « soit triste ; personnellement j'aime la vie avec pas- « sion et je trouve que l'idéal chrétien ne peut qu'y « ajouter de l'ampleur et de la saveur. Il faut être « vraiment bien, bien malade pour ne pas pouvoir « goûter les mille et une joies « animales » que l'on « ressent dans une journée. Si à cela vous ajoutez

« les joies du coeur, de l'esprit et une conscience « tranquille, vraiment la vie est chose délicieuse.

« Recette » pour cultiver cette joie

«... D'abord j'avoue que je ne dédaigne aucune « joie, si futile qu'elle paraisse, et je trouve que dans « une journée on a une grande somme de ces petites « joies. Vous en c terai-je ? Elles sembleront sans « doute bien puériles à vous tous mes amis, qui « n'aspirez qu'à planer sur les hauteurs. Pourtant « énumérons-en quelques-unes :

« Joie du matin : Air vif, journée neuve, pas de « bêtise devant soi ; tout cela incite à l'action, et « l'action est joie. Promenade : la nature quelque « banalisée qu'elle soit est une source de joie iné- « puisable. N'avez-vous pas souvenir d'heures pré- « cieuses passées à flâner dans les bois et au bord de « l'eau ? Ce sont des heures d'animalité jeune qui « grisent un peu : un bain d'enfance et de jeunesse. « Lecture : pas un je pense ne me contredira là-dessus ?

« Joie de l'heure qui passe, enivrement de la lumière, « couchers de soleil, etc., etc... J'en passe, et beaucoup, « pour ne pas vous impatienter, mais cherchez du « petit au grand dans cet ordre d'idée et vous verrez « que la vie est tissée de ces joies minuscules aux- « quelles généralement on ne fait pas attention.

« Par contre les petits chagrins (contre-temps, « piqûre de sensibilité, mauvaise humeur sans cause, « ce qu'on appelle en langage vulgaire, se lever du pied « gauche) tous ces chagrins liliputiens sont cultivés « comme en serre chaude et peuvent très bien gâter « une journée de fond en comble. Voyez la légion de « neurasthéniques qui nous entoure au lieu de vouloir « amortir tous les chocs de l'existence, feraient-ils « pas mieux d'aguerrir leurs nerfs ? Pourquoi, dites- « moi, ne pas cultiver les petites joies ? sont-elles

« coupables ? Il me semble que non. Si Dieu a fait « la vie agréable est-ce pour qu'on dédaigne ses gâteries ? « Si Dieu a créé la rose, est-ce pour qu'on se pique aux « épines ?

« Dans le domaine moral, la joie est encore plus « abondante. La vie morale est une lutte constante. « Eh bien, déduisez-en, si vous le voulez que j'ai un « caractère batailleur, mais dans toute lutte, si achar- « née soit-elle, il y a un fond de joie, joie rageuse, peut- « être, mais joie évidente.

« Avez-vous jamais vu un fox-terrier se battre avec « un hérisson ? Il s'acharne, son museau saigne, il « grogne de rage, mais si c'est un vrai chien courageux, « des dents ou des griffes il arrive à dérouler la bête « et alors le hérisson est perdu. Quelle vigueur dans « l'attaque, quel acharnement, essayez de le détourner, « employez des menaces, des flatteries, des friandises, « rien ne le tente que son hérisson jusqu'à ce qu'il « ait le dessus. Mais aussi quel triomphe une fois la « bête rendue, ce sont des bonds démoniaques, une « bamboula d'allégresse, prélude d'un bon somme bien « gagné.

« Dans ma vie j'ai rencontré quelques hérissons, « je ne les ai pas tous déroulés, mais je n'ai que rare- « ment regretté ma peine, même en cas d'échec.

« Quand on possède de la joie, ne serait-ce qu'une « parcelle on en veut faire jouir les autres. Si l'égoïsme « et la tristesse sont un reploiement, la joie est une » expansion.

« Il y a de l'ingratitude à être triste sans cause, « ingratitude envers l'entourage, ingratitude envers « Dieu.

Les sujets les plus divers sont abordés dans

les messages. Si la conversation est à bâtons rompus, le ton, lui aussi, est dépourvu de solennité, comme cette digression sur les parfums et les cigarettes :

«...La cigarette ? est-ce un plaisir, une distraction, « uniquement réservée aux hommes... ? Il y a des « jeunes filles actuelles qui savent tenir une cigarette « et peuvent rivaliser avec la vertu de bien des novices, « je vous assure. Doit-on exiger des gens du monde la « perfection des cloîtres ?

« Les parfums ? Mais je crois que les mœurs juives « en faisaient une gentille consommation ; et Jésus « n'a-t-il pas reproché à certain Simon pharisien de ne « pas avoir agi avec lui comme avec un hôte de marque « qu'on parfumait à son arrivée ? Je vous avoue que « si certaines poissonnières de Berck avant de monter « dans le train, avaient les moyens de se parfumer « légèrement ce serait charitable pour leurs voisins.

« Me blâmez-vous d'en user de ces parfums maudits, « quand, malgré tous mes soins, je crains que mes « appareils de cuir puissent incommoder mon voisin, « même quand ce voisin n'est que moi-même... »

Ou encore cette présentation :

« Mes chers amis, il convient aussi que je me pré- « sente un peu — quoique ça n'en vaille guère la peine « puisque je suis à moitié guéri. Je suis malade depuis « une sixaine d'années, dont deux de pleurésie et « près de quatre de coxalgie.

« Actuellement je suis « ambulant » c'est-à-dire « que je fais comme les gendarmes et que je me « ballade « tout le temps » avec deux béquilles, par exemple : « Je dois même vous faire un aveu, au risque de vous

« scandaliser : ces deux béquilles s'appellent Estelle « et Véronique. Et comme je ne les quitte jamais « (ce sont de si bonnes compagnes, pas bavardes, « soumises, et de bon caractère !) je suis tout sim- « plement bigame, comme les Turcs qui ont facilement « deux femmes quand ce n'est pas trois.

« Je pense que ça ne vous gênera pas trop d'avoir « avec vous un hurluberlu de ma sorte ? En tout cas, « je vous assure que mon ménage à trois marche « (c'est le cas de le dire) fort bien. Il faut seulement « que je fasse attention de mettre, à tour de rôle, « chacun leur jour, Estelle, puis Véronique, à ma « droite. »

P. I.

Quelquefois, les Unionistes cherchent à se distraire en se racontant des histoires. Voici, par exemple, le charmant conte de Noël que fait un aumônier à son groupe :

« Noël au Bon-Pasteur est une solennité indes- « criptible : chants, visites, vêpres solennelles, arbre « de Noël des petites, etc. L'enthousiasme seul tient « ouverts, toute la journée, des yeux lourds de sommeil. « Les classes, le monastère, le parc, s'emplissent de « cris d'enfants, de bouts de cantiques, de débonnaires « rappels à l'ordre, et d'exclamations extasiées. « Des petits Jésus de cire, ont établi partout leurs « bicoques peinturlurées, parmi des hordes de joujoux « et de sacs de bonbons. Il n'est coin de préau ni bout « de corridor où le bonheur de donner ne le dispute « à celui de recevoir. Ou plutôt, dans ces âmes de « vierges et d'enfants, c'est un bonheur unique, « inconnu du monde, qui vient d'envahir tout. Depuis « la vieille sœur tourière, qu'on appelle Grand'maman, « et dont les vieux yeux ont des larmes de rire, jus- « qu'à la plus petite orpheline, qui enfonce son guignol

« dans la guimpe d'une jeune mère, dira-t-on qui est « la moins heureuse ?

« Gageons que ce n'est pas cette petite sœur converse, « à qui j'ai fait cadeau d'un carnet, avec un crayon, « pour inscrire les comptes de la ferme. Elle a tout de « suite remarqué qu'avec son dos qui joue le cuir, « sa tête et ses coins dorés, cet objet frise le luxe et « tire sur le superbe ; mais son utilité manifeste lui « permettra de le conserver et d'en faire chaque jour « usage, sans la moindre atteinte au vœu de pauvreté. « Ce merveilleux accord de circonstances lui a fait « joindre les mains de ravissement. Il est certain que « si elle avait gagné l'éblouissante « conduite intérieure » « Renault, qui est en loterie, aux « Galeries modernes, » « et que les passants ne se lassent pas de contempler, elle « serait beaucoup moins heureuse. En rentrant de « la messe de minuit, elle pensait n'en pouvoir dormir, « et il faut que je vous raconte toute l'histoire ; car « c'est le dernier né des contes de Noël, et celui-là « est arrivé.

« Cette jeune sœur est une petite Vendéenne, qui est « ici sœur fermière, et s'acquitte de ses fonctions « avec autant de diligence et de maîtrise que si elle « était dans son Bocage.

« Les Béarnais ne lui en remontrent pas, je vous « assure.

« Quand elle eut bien considéré la grandeur du « mystère de Noël, son bonheur et son petit carnet, « elle se dit que, si la joie la tenait, pour le moment, « fort éveillée, il n'en serait peut-être pas de même, « quelques heures plus tard, quand il faudrait devancer « l'appel de la cloche, d'une demi-heure, au moins, « pour aller traire la vache. « Si j'y allais tout de suite, « se dit-elle, je n'avancerais pas de beaucoup l'heure « de la traite, et je pourrais dormir un peu plus. » « Or, il paraît qu'en Vendée, comme en plusieurs

« autres lieux de France, les bêtes parlent pendant « toute la nuit de Noël, et Dieu sait ce qu'elles racontent. « Personne ne l'a jamais entendu, car pour rien au monde « on ne mettrait les pieds à l'étable, cette nuit-là. « Se rappelant que la Mère Supérieure avait un peu « ri de cette observance, et l'avait déclarée sans « fondement, devant toute la Communauté, la petite « sœur se décide en faveur de son somme du matin « à anéantir l'antique croyance. Elle prend courageu- « sement son seau et part pour l'étable. Arrivée à la « porte, le trac la reprend tout à fait. C'est elle qui « m'a raconté toute l'affaire. Elle ouvrit la porte avec « précautions, et écouta si l'on n'entendait rien. « Je « savais bien qu'il n'y avait rien, me disait-elle, mais « je me disais : « Mon Dieu ! Pourvu tout de même, « qu'il n'y ait rien ! « Alors elle s'est mise à parler « à la vache, laquelle, on ne sait pourquoi, n'a rien osé « répondre.

« J'en conclus qu'il y a, à notre époque, quelque « chose de changé pendant la nuit de Noël. J'avais « toujours entendu dire, moi aussi, que c'était la seule « fois de l'année que les bêtes s'entretenaient de leurs « affaires. Je ne trouve à ce changement, qu'une expli- « cation plausible, et je vous la livre pour ce qu'elle « vaut ; c'est que les gens disent maintenant, tant de « bêtises d'un bout à l'autre de l'année, qu'au retour « de cette nuit solennelle, les bêtes ne trouvent plus « rien à dire.

« Et la poésie n'y gagne pas. » *Abbé P.*

Voici maintenant le récit d'une conversion :

6 *décembre* 1926,

MES BONS AMIS,

« Il ne m'arrivera plus de vous annoncer quoi que « ce soit à l'avance, voilà deux fois que je vous promets

« de petites histoires et quand le cahier est de passage « mes mains refusent leur service. Aujourd'hui je vais « essayer de vous conter la conversion dont je vous ai « parlé.

« Les livres saints parlent des conversions de saint « Paul et de saint Augustin, on a parlé de celles plus « récentes de Dupont de Tours, de François Coppée, « d'Adolphe Retté, personne n'a parlé ni ne parlera de « celle de : Achille-Théophile Robertin. Quoique cet « homme n'était qu'un pauvre hère, sa conversion « n'en est pas moins frappante et prouve que Dieu « répand aussi bien sa grâce sur les plus petits de ce « monde comme sur les grands.

« Robertin est né en Champagne vers 1836 ; à l'âge « de 8 ou 9 ans, il eut le malheur de perdre ses parents. « Un oncle habitant Paris l'emmena chez lui et le fit « instruire puis le plaça comme courantin dans un « hôtel. Après quelques années, étant intelligent et « débrouillard, il fut gagé comme garçon d'hôtel. « Il y resta jusqu'à son départ pour le régiment. A cette « époque la durée du service militaire était de 7 ans. « A la fin de son congé, il rengagea. Après 14 ans de « service la guerre de 1870 fut déclarée. Il y prit part, « fut blessé et fait prisonnier.

« Après sa libération, dégoûté de la vie parisienne, « il se fit trimardeur. Il travaillait dans les chantiers « de terrassement, soit pour route, soit pour chemin « de fer. Dégoûté encore des compagnies de cheminots « il se mit à parcourir le pays de ferme en ferme. « Quand il était sans travail et sans argent, il mendiait. « Plusieurs fois il fut arrêté et condamné pour ce fait.

« C'était bien le vrai type du vagabond ; pieds nus, « dans de gros sabots que dans mon pays on appelle « malbroux », vêtu seulement d'un pantalon et d'un « petit gilet, le port d'une chemise devait lui paraître « trop de luxe, il n'en avait pas.

« Pendant des années, il vécut ainsi. Tout à coup « un changement se fit en lui ; le dimanche, il s'ha- « billait proprement, allait à la messe et aux vêpres. « Cela me paraissait bien extraordinaire, j'avais à « cœur d'en connaître la cause.

« Un jour il vint me voir, nous causâmes longtemps. « Il me dit que la veille il avait été à la grand'messe, « aux vêpres et fait une visite au cimetière. Je le « félicitais d'avoir passé si chrétiennement sa journée « et je lui dis : « Il me semble qu'autrefois vous étiez « moins dévot, vous ne deviez pas aller chaque « dimanche à la messe. — Malheureusement, j'ai passé « une grande partie de ma vie sans jamais mettre « les pieds à l'église. — Comment se fait-il qu'un si « grand et si heureux changement s'est opéré en vous ? « — Je me suis converti à Saint-Hilaire-Loulay « (Vendée). Depuis quelque temps je travaillais chez « un fermier que je connaissais depuis longtemps. « Un matin je lui aidais à panser ses bêtes. Tout à coup « il me dit : « Achille, sais-tu quel jour nous sommes « aujourd'hui ? — Oh, patron, je ne suis pas assez « en retard pour ne pas savoir que c'est le jour de « Pâques. — Oui, c'est le saint Jour de Pâques, c'est « la plus grande fête des chrétiens, ce matin un grand « nombre vont s'approcher de la Sainte Table, chacun « ira à la messe, et personne ne travaillera de la « journée. Pour toi ce jour n'a ni plus ni moins d'impor- « tance que les autres ; tu le laisses passer avec indiffé- « rence, sans penser à ton baptême, sans te demander « ce qu'il en résultera, sans te douter que toi aussi tu « as des devoirs à remplir. »

« Ces paroles furent pour moi un véritable coup de « foudre. Je me sentis atterré, anéanti. Quand je fus « remis de mon impression, je lui dis : « Eh bien, je « vais à la messe. — Ah, reprit-il en ricanant, tu es « bien en tenue pour aller à la messe. Tu dégotterais

« pas mal dans une église. — Ça ne fait rien, j'irai « quand même. »

« Quand la messe commença à sonner, très ému et le « cœur bien gros, je me dirigeais vers l'église. J'entrai « au hasard. Je me trouvai devant l'autel de la Sainte « Vierge ; c'était le côté des femmes. Un bon nombre « était déjà à leurs places. Quand elles virent entrer « un homme dans cet accoutrement, les unes se « rangèrent à gauche, les autres à droite ; toutes me « regardaient effarées, s'attendant à voir sortir une « bombe de dessous mon gilet. C'était au temps où « l'anarchie faisait rage. Des bombes éclataient un « peu partout. Je ne m'occupais pas de ces braves « femmes. Je m'agenouillai devant la statue de la « Sainte Vierge et la tête dans mes mains je me mis à « pleurer comme un enfant. Pendant la durée de la « messe je n'ai pas prié, je n'ai fait que pleurer. J'ai « cependant demandé pardon de mon triste passé et « promis de mener une vie plus chrétienne dans « l'avenir. Après la messe je retournai à la ferme. « En arrivant je dis : « Patron, j'ai été à la messe. « — Comment, malheureux, tu as osé entrer dans « l'église, vêtu comme tu es ? Ça fait grand honte. « — Oui, j'y ai été, et ça n'est pas fini comme ça. « — Que vas-tu donc faire maintenant ? — Je vais faire « mes Pâques. — Bravo, mon ami, te voilà dans la « bonne voie, tâche de t'y maintenir. »

« Le lendemain j'allais frapper à la porte de la cure. « A la bonne qui vint m'ouvrir je demandai si je pou- « vais parler à M. le Curé. Elle me regarda d'un air « peu rassuré et me dit qu'il était absent. « Sera-t-il là « demain ? — Oui, revenez demain. » J'ai toujours « douté de l'absence du curé, elle voulait sans doute le « prévenir de la visite d'un personnage pas ordinaire. « Je retournai le lendemain. Cette fois ce fut le curé qui « vint m'ouvrir. Je le saluai respectueusement et lui

« dis : « Monsieur le Curé, je voudrais vous parler ou « plutôt je voudrais me confesser. — Mon ami, je suis « à votre disposition, voulez-vous vous confesser ici « ou à l'église ? — Ça m'est égal, ici si vous voulez, « vous aurez moins de déplacement. »

« Il me fit entrer, m'introduisit dans une chambre ; « je m'agenouillai sur un prie-Dieu, et tant bien que « mal, je fis ma confession. Il me dit de retourner le « samedi. Je fus fidèle au rendez-vous. Cette fois je « reçus l'absolution.

« La nouvelle fut vite répandue dans le village que « j'allais faire mes Pâques. Comme chacun savait que « je n'étais pas vêtu convenablement pour un acte « aussi important, le lendemain un voisin me donna « des souliers, un pantalon, un autre une chemise, « un petit gilet, un troisième un paletot et un chapeau. « Vêtu comme un bon fermier, le cœur débordant de « joie, je pris le chemin de l'église, j'assistai à la messe, « je m'approchai de la Sainte Table.

« A partir de ce jour, malgré qu'il y a plusieurs « années, je n'ai pas laissé passer un dimanche sans « aller à la grand'messe et aux vêpres. Tant que je « vivrai, je continuerai. »

« Voilà bien des années que je n'ai pas vu cet « homme, sans doute qu'il est mort depuis longtemps. « Où a-t-il rendu son âme à Dieu ? Est-ce dans un « hôpital ou dans une grange ? Je ne saurais le dire, « mais que ce soit ici ou là, j'aime à croire qu'il aura fait « une fin très chrétienne.

« Mes bons amis, mes chers enfants, je voudrais « pouvoir écrire un peu à chacun de vous ; impossible, « je suis à bout de force, il me semble que ma pauvre « vieille carcasse va éclater. Ce que je ne peux vous « écrire, mon cœur vous l'envoie...

« Cahier arrivé le 6, parti le 7. Union de prières.

Pierre L.

Ailleurs, une Unioniste consacre tout son message à raconter son voyage à Lourdes :

« Donc je reviens de Lourdes, pas guérie, mais « ayant passé là-bas de très bons jours, d'autant « meilleurs que je m'y suis mieux portée que chez « moi : remarquez que c'est déjà un prodige car je ne « crains rien autant que les secousses, et, soit en « chemin de fer, soit là-bas, j'en ai plus supporté que « durant les 17 dernières années de ma vie. Pour moi, « vous savez, tout était nouveau : le mouvement de la « gare au départ, les brancards qui s'alignaient à « côté du mien, les abbés affairés au visage jovial, « les infirmières importantes, les bonnes sœurs, et « même le sentiment extraordinaire que je devenais un « personnage intéressant puisque j'étais l'objet d'atten- « tions sans nombre (sauf cependant de la part du « médecin parce que j'ai l'air beaucoup trop bien « portante pour être prise au sérieux). Ma voisine de « gare était une charmante petite poitrinaire qui « n'avait pas l'air d'en mener large : pourtant elle est « revenue sur ses pieds. Je n'ai pu encore savoir si « elle était réellement améliorée (je veux dire dura- « blement). Ma voisine de chemin de fer avait une « maladie de cœur : mais elle n'a pas eu de crise en « route. Nous étions installés dans des wagons de « troisième, mais sur des matelas séparés, comme « vous le savez, par des cloisons très basses. Pendant « la nuit j'ai été fort étonnée d'apercevoir au-dessus « de moi une tête qui m'observait, mais une tête « toute seule qui ressemblait aussi bien à celle d'un « homme qu'à celle d'une femme. Cela me rappelait « les histoires de revenants. Finalement j'ai découvert « que c'était une infirmière — pas très jolie — qui se « croyait obligée de veiller sur nous avec sollicitude bien « que le voyage l'ait éprouvée plus que nous-mêmes.

« La première chose que j'ai faite en arrivant à « Lourdes, ça a été de perdre mes bagages. En entrant « à l'asile (dans une salle de 6 lits), j'avais pour toute « fortune les vêtements charbonneux que je portais « sur moi, et un mouchoir sale. On m'a installée entre « deux pauvres femmes paralysées qui sortaient de « l'Hôtel-Dieu. L'une m'a prêté son savon et l'autre « son peigne. Au fond je n'étais pas fâchée de me « sentir au milieu des pauvres et encore plus pauvre « qu'eux. Et on reçoit des leçons, je vous assure. Ma « voisine de droite, bien plus infirme que moi, était « la douceur même : il fallait deux personnes pour « la soulever et la retourner, elle ne pouvait manger « seule : je n'ai pas surpris sur ces lèvres l'ombre d'une « plainte. Celle de gauche était roulée en boule par une « paralysie nerveuse : elle m'a raconté qu'elle n'était « guère pieuse » avant sa maladie ; et comme je lui « demandais comment elle avait changé, elle m'a « répondu avec cette expression du terroir : « J'ai « changé quand j'ai eu souffert mon appétit ». La « pauvre femme est repartie sans amélioration, et cela « m'a fait de la peine. A Lourdes il n'y a pas de cloison « étanche entre les humains : on se parle du premier « coup comme si on s'était toujours connu. J'ai « ébauché une quantité d'amitiés, hélas, sans len- « demain.

« Bref, on nous a menées à la Grotte, aux piscines, « à la procession du Saint-Sacrement, et c'est là que « mon mouchoir sale s'est prouvé utile, car l'émotion « jointe à la fatigue du voyage me faisait pleurer « comme une source. Voyez-vous, c'est tellement « beau ! Mais il faut être sur un brancard pour le « comprendre. Les brancards habitent une zone « privilégiée absolument inaccessible à la dissipation : « on prie derrière nous et les prières des autres semblent « nous porter tout droit près de la Sainte Vierge et du

« Bon Dieu. Je n'ai pas vu de miracles quoiqu'il « s'en soit produit pendant notre séjour, mais je ne « m'en souciais guère. Le miracle qui m'émerveillait « c'était cette atmosphère de résignation, de prière, « de charité mutuelle, qui nous transporte très loin de « la réalité ordinaire : pendant des jours, des milliers « de personnes ne vivent que pour prier et aider leur « prochain, et des centaines d'infirmes oublient leurs « maux et se disent au Paradis. N'est-ce pas déjà un « petit avant-goût du ciel ? Du moins cela fait com- « prendre qu'il est possible.

« Une seule petite chose m'a gênée, l'éloquence « impitoyable des ecclésiastiques. Vous savez qu'il y a « une chaire près de la grotte : cette chaire était tou- « jours occupée, même aux moments les plus inoppor- « tuns, ceux de la messe et de la communion par « exemple. Entendre réciter le rosaire, cela passe encore, « l'entendre commenter est déjà une épreuve, mais « l'entendre commenter avec l'abondance que déployait « un bon chanoine de Nevers est vraiment crucifiant. « Heureusement qu'on arrive à s'abstraire de ce bruit « de paroles.

« Des gens magnifiques ce sont les brancardiers : « ils se tuent à la peine et sont peut-être encore plus « attentionnés pour les malades que les infirmières. « L'équipe qui gardait l'abord des piscines m'a paru « particulièrement entraînée, disciplinée, et même « distinguée : là, il n'y avait rien qui ressemblât, même « de loin, à du désordre. Il ne s'y prononçait pas un « mot inutile. J'avais toujours un peu d'appréhension « en franchissant les 2 ou 3 rangées de rideaux et « encore plus au moment de l'immersion, mais d'autres « étaient encore plus émus que moi : une seule malade « a dû être complètement impassible attendu qu'on « la disait atteinte de la maladie du sommeil (encé- « phalite léthargique, je suppose). Elle avait les yeux

« ouverts et paraissait néanmoins complètement « inconsciente. Je m'étonne que l'eau froide ne l'ait « pas éveillée, même sans miracle.

« Nous étions sept pèlerinages à la fois à Lourdes. « L'Italie a eu 4 guérisons : on parlait d'une cinquième « le jour de notre arrivée, mais un des brancardiers « m'a dit que rien n'était affiché au bureau des consta- « tations ; puis il a ajouté en clignant de l'œil : « Les « Italiens, vous savez, c'est pire que les Marseillais ».

« Le jour de notre départ deux malades de Clermont « se sont mises à marcher, mais elles n'avaient pas de « papier, de sorte que le Dr Marchand n'a pas retenu « leurs cas. On nous avait tellement assommé avec « ces affaires de certificats que j'étais enchanté de ce « bon tour joué par la Sainte Vierge au corps médical, « mais Mgr Marnas n'était pas si heureux que moi.

« J'ai prié pour vous toutes, surtout pour Mme V. « Ses bras vont-ils mieux ? Vu personne de l'Union. « A. M. de C. qui m'accompagnait ou plutôt qui « accompagnait ma mère a été un peu déçue : comme « elle n'était pas sur un brancard elle a vu le revers de « la médaille qui m'a complètement échappé.

« Il me reste à mentionner que mes bagages me sont « revenus la veille de mon départ portés par un ange « qui s'était déguisé en brancardier. En fait personne « n'a pu expliquer leur réapparition. A Lourdes, rien « ne se passe comme ailleurs.

« Cela fait assez de bavardage pour cette fois, j'ai « acquis le droit de me taire. A la prochaine. Amitié à « tous. »

Peyrot avait compris l'Union comme une œuvre de sanctification et non comme une confrérie de petits saints. C'est toujours bien cette idée qui inspire l'U. C. M., comme on en peut juger par ce récent message d'un chef :

« Comme il est bon de se retrouver. Vos messages « à l'unanimité, prouvent combien une franche amitié « chrétienne nous unit et que l'U. C. M. atteint ses buts.

« A vous, miss Georgette, n'aurai-je pas le semi- « devoir, ainsi d'ailleurs qu'à notre pauvre amie « Juliette, de faire des yeux très gros. Est-ce vraiment « gentil de votre part de vous croire jugées par nous « indignes de figurer parmi les membres de l'U. C. M. ! « œuvre de sanctification » et non assemblée de sanc- « tifiés... Tenez, malgré toute mon amitié d'unioniste, « j'ose vous dire en « souriant » que vous êtes deux « petites sottes d'avoir pensé une absurdité pareille...

« Mais, chers amis, ce serait captivant de pouvoir « faire entrer à l'U. C. M. certains de ces malades qui, « jadis, ont connu Dieu, l'ont perdu de vue, et le « recherchent, parfois inconsciemment, dans la douleur « physique et morale ! (Peyrot souhaitait à son U. C. M. « ce genre de malades... et même des révoltés...) La « difficulté est de leur faire accepter un groupement « aussi nettement catholique.

« Alors, n'est-ce pas, miss Georgette et Juliette, « plus de ces mots de dignes et d'indignes, cela ne « devrait même pas vous traverser une seconde la « cervelle.»

L'union de prières est le lien solide qui unit tous les membres entre eux, prières qu'ils adressent au Ciel les uns pour les autres :

« Comme le règlement me le permet je me confie « d'une manière presque suppliante à vos prières « à toutes. Mes supérieurs et, en particulier mon nouvel « évêque vont prendre une décision grave à mon « endroit : ils vont trancher la question toujours « pendante de mon avenir. Ce sera ou un essai d'études « minimes ou, selon l'avis des docteurs, la renonciation

« totale à mon rêve du Sacerdoce. Donc ces mois-ci « vont être décisifs pour mon avenir et je vous supplie « de faire violence aux Cieux pour m'obtenir beaucoup « et beaucoup de courage...

« Voilà la raison de cette subite tristesse que vous « avez vite remarquée. Je n'avais pas le courage de « vous en parler la dernière fois. La révolte bouil- « lonnait en moi : maintenant il y a plus de paix et « d'abandon à Dieu...Aidez moi à dire *Fiat*...Vivement « le Ciel, tenez... »

....

Puis, six mois après... :

« Je me contenterai de vous dire que vos bonnes « prières ont été exaucées... à rebours Le 10 mars un « essai de philosophie s'est brusquement heurté à un « arrêt au lit et je traîne depuis ce temps. Me voici « dans mes préparatifs de « redépart » pour Berck...

« ...C'est peut-être bien là ma vocation spéciale : « mener une vie en apparence de rentier et me laisser « vivre dans l'attente de l'inconnu. Taisons-nous « je n'ai pas le droit de vous faire étalage de mon noir « cafard, quand d'autres, plus jeunes et plus malades « que moi ne se plaignent pas.

....

« Chère Madame de Ravinel, merci du fond du « cœur pour vos prières. Ce message vous dit comment « Dieu exauce autrement nos demandes. C'est trou- « blant parfois : Témoin : la mort de mon pauvre « père survenue subitement alors que mon père et « ma mère faisaient une neuvaine à la Sainte Vierge « pour l'avenir de leurs six enfants...Et le lendemain « je me couchais pour trois ans... Qui peut sonder « les intentions de notre Père céleste ? Mais aidez- « moi toujours de vos prières afin que je sache sans

« grogner » accepter filialement et voir un jour plus « clairement dans ma destinée et vocations humaines. »

Ces prières rapprochent les Unionistes dans une même demande, on pourrait dire : dans une même offensive. Des buts précis sont d'ailleurs offerts à leur générosité :

« Savez-vous qu'on a proposé à l'U. C. M. de parti- « ciper à l'apostolat des missionnaires ? Il s'agirait « de désigner aux prières de chaque groupe telle ou « telle région de missions qui aurait particulièrement « besoin de secours spirituels. Je crois que cela « serait accepté avec joie par la grande majorité des « membres.

« Vous savez que nous sommes dans une époque « de rationalisation, c'est-à-dire d'organisation métho- « dique. Il s'agit de faire donner à toutes choses le « meilleur rendement possible. Eh bien, les catho- « liques aussi doivent faire de la rationalisation. « En groupant les prières des membres de telle ou « telle association on obtient, suivant la formule « bien connue que l'union fait la force, une gerbe « solide et autrement nourrissante que nos pauvres « prières isolées.

« Je ne voudrais pas proférer quelque monstruosité « théologique ni me faire traiter d'hérétique, mais « il me semble que les prières pour autrui, qui sont en « somme des « prières-désirs » ont quelque analogie « avec la transmission de pensée dont le P. V. Poucel « a parlé récemment dans les *Etudes*. Ces prières « agissent comme un fluide qui entoure le... patient « et l'influence en quelque sorte directement. Le fait « est souvent perceptible dans des cas de conversions « de gens qui sont proches et que l'on fréquente « journellement. Des prières-désirs de leur entourage

« leur imposent peu à peu une douce contrainte, « invisible, mais certaine.

« Eh bien, il s'agirait d'en faire autant pour les « nègres et les Chinois : Mais ils sont tellement loin « (au diable, c'est le cas de le dire,) que cela est « bien difficile pour des personnes isolées. D'où « cette idée de se mettre à plusieurs pour convertir, « non pas les païens en général, mais tels païens en « particulier ; spécialement désignés comme but « au bombardement de nos prières. » P. L.

Les cahiers sont parfois les confidents de précieux aperçus mystiques. Voici le colloque du Christ et d'un malade :

« Je t'ai engagé de force dans une voie bien féconde « pour toi, celle de la croix par laquelle tu me ressem- « bleras le plus. Je te prendrai avec moi, lorsque je « le jugerai bon, d'ici là ton devoir est de souffrir « et de *souffrir avec joie*. La joie est le monopole de « mes amis de choix. Avec ta folle imagination, si je « t'avais laissé dans le monde, tu t'y serais perdu. « Mais je t'aime, toi, comme tous, mais toi particu- « lièrement, je te veux comme ami. Et c'est parce « que pour toi j'ai une place réservée là-haut, près, « tout près de moi, que je te veux sur terre malade « et pauvre. Sois donc joyeux ! Pour te consoler, je « te comblerai de dons merveilleux et rares, la paix « et le contentement d'esprit. Va, mon ami, dès ce « soir comprends mieux le prix des courts instants « que je te laisse. Encore un peu de temps et tu viendras « à moi. Emploie-les bien ces instants précieux pour « ma gloire ici-bas ; là-haut tu ne pourras plus rien « faire pour augmenter ma gloire. Surtout aime-moi « bien fort comme moi-même je t'aime. Non, ne crains « pas ; la crainte, vois-tu, je ne l'ai fait que pour « certaines âmes incapables de m'aimer profondément

« et par-dessus tout. Qu'en toutes tes actions désormais, « ce soit mon amour qui te guide et tu pourras, comme « le dit saint Augustin, faire tout ce que tu voudras...

« Moments délicieux, ajoute le malade, bien rares « pourtant, où l'on sent la Présence divine avec une « déroutante précision, contrastant singulièrement « avec les moments d'obscurité, hélas ! si nombreux. « On voudrait rester longtemps sans penser à rien « d'autre qu'à Lui ! Mais lorsqu'on retombe !... Quand « le soir arrive, au moment de « penser intensément » « à Lui, je m'allonge sur mon lit, je ferme les yeux : « un passage, une parole de l'Evangile me revient et « ça me suffit, j'ai un tas de décors galiléens dans la « tête et je fais de la reconstitution historique, ce sont « mes meilleures méditations. Comme livre de chevet « il n'y a que l'Evangile. »

Ce n'est pas que l'U. C. M. soit une petite chapelle, où on se livre à jet continu à des échanges de méditations et de conseils pieux. Au contraire un esprit chagrin pourra peut-être trouver que la note surnaturelle n'est pas assez accentuée dans nos messages. Il est certain qu'on y évite comme la peste la littérature mystico-sentimentale. C'est une qualité.

Il reste qu'à l'U. C. M. nous pensons que l'action de la grâce se fait principalement par la douleur mieux comprise. Nos chefs aussi. Mais chacun tâche de ne pas parler à tort et à travers de toutes ces questions spirituelles au risque d'exaspérer nos grands infirmes au lieu de consoler et d'éclairer.

« Pensez-vous que j'oublie toutes vos peines en « racontant ces petites bêtises ? Pas un instant,

« mais je cherche à vous distraire. Je sais bien que « la vraie consolation vient du Bon Dieu ; mais vous « savez si bien la chercher seul, là où il faut, que ce « serait presque de la maladresse de me placer entre « lui et vous. »

Voilà qui peut s'appeler : la tactique qui suppose le problème résolu ; c'est vrai, mais, pour peu que celui qui la pratique soit lui-même fidèle à la grâce de ses infirmités, il y a bien des chances pour que cette tactique soit la meilleure.

Puis, nos aumôniers, par vocation, sont moins réservés. Voici, pour terminer le message complet de l'un d'entre eux.

« Mes chers amis, je me réjouis de la coïncidence « qui m'apporte le cahier dans les premiers jours « d'une année nouvelle. Cela me permet de vous offrir « à tous, aux anciens unionistes comme aux nouvelles « arrivées que nous saluons affectueusement, mes « vœux de bonne et sainte année.

« Dans cette famille spirituelle que nous formons « il faut nous souhaiter le « bonheur » malgré l'allure « paradoxale de ce vœu s'adressant à des malades « destinés à souffrir. Mais vous êtes trop avisés « des choses de l'âme et de la vie chrétienne, pour ne « pas penser que le paradoxe n'est ici que dans « les mots, et point du tout dans la réalité. Vous « savez très bien que l'Évangile parle sans cesse de « joie, de bonheur, de béatitude, tout en prêchant « aussi la nécessité de la Croix et de la mortification : « c'est donc que les deux choses peuvent s'allier, et « que la souffrance n'exclut pas nécessairement le « bonheur vrai. Au contraire, devons-nous dire, « puisque la Croix bien acceptée, bien portée à la « suite du Christ est une manière de conformer pra-

« tiquement notre volonté à celle de Dieu, et donc « d'arriver à cette joie vers laquelle, en définitive, « Dieu veut nous acheminer.

« Mais avouons que parfois le fardeau pèse un peu sur « les épaules ; avouons que nous avons besoin qu'une « main amie vienne à notre secours pour nous aider.

« Par la communion eucharistique Jésus-Christ » vient précisément redire à chacun de nous en par- « ticulier l'appel d'autrefois et la consolante promesse : « ...« Vous tous qui souffrez, voici que je viens vous « soulager. »

« Mais, ceux d'entre vous, chers amis, qui ne peuvent « recevoir « le pain fortifiant » seront-ils moins soutenus « dans leur pénible portement de Croix ? Non certes, « et... c'est répondre à votre question, chère Mademoi- « selle G... que de signaler et de recommander la « communion spirituelle »

« La valeur de la communion spirituelle vient, en « effet, de ce qui fait notre part de collaboration dans « la communion réelle. Ici, la grâce, pour produire « son plein effet, demande, outre la présence corporelle « du Christ, les bonnes dispositions de notre âme. « Nous ne devons pas rester tout passifs dans nos « communions. Il faut vouloir — donc demander « et désirer — que la divine présence soit fructueuse. « Nos petites volontés et nos esprits doivent s'unir à « la volonté et à l'esprit du Christ, en même temps que « nos corps le possèdent dans la plénitude de son être.

« Vous voyez bien, dès lors, que privés involontai- « rement de cette communion sacramentelle, nous « pouvons être unis « en esprit » au Maitre divin. « Cette Union spirituelle sera très fructueuse elle « aussi — encore que moins abondante que la com- « munion sacramentelle — Elle sera le signe de notre « bonne volonté, Dieu en conséquence proportionnera « ses grâces à l'intensité de ces désirs.

« La communion spirituelle sera donc un moyen « très puissant pour enrichir notre vie chrétienne ; « pour nous aider dans l'abandon aux volontés divines ; « et aussi pour augmenter le mérite de ces prières « que nous faisons les uns pour les autres.

« Est-ce que ces quelques mots rapidement écrits « répondent suffisamment à votre demande et éclair- « cissent un peu la question ? je le souhaite ; puisqu'il « est si désirable que nous allions tous chercher au- « dessus de nous, près de Dieu et près de son Christ, « la force dont nous avons besoin.

« Faites-le donc, chers amis, et l'année sera néces- « sairement bonne, quelles qu'en soient les épreuves « et les souffrances.

« Voilà donc dans quel sens je vous dis, à tous « et à toutes : Bonne et sainte année.

« Votre bien affectueusement dévoué,

« P. L. »

De l'ensemble de ces citations se dégage l'idée fondamentale de l'œuvre de Peyrot : l'apostolat par le malade :

« A l'U. C. M., écrit dans un message un de nos « aumôniers, tous doivent être apôtres, mais chacun « exerce cet apostolat selon le nombre et la qualité « des talents que lui a départis la Providence... « qui, avec de précieuses connaissances humaines « donnant de la vie et de l'intérêt aux cahiers... « qui, avec l'esprit faisant sourire... Souvent le « simple récit des événements qui ont rempli notre « vie depuis le dernier passage du « pigeon » suffit « pour entretenir entre nous le lien de l'amitié ; « le Bon Dieu fait le reste, c'est à dire, l'essentiel, « en façonnant par la douleur comprise et acceptée « l'âme de chacun pour le plus grand bien de toute « la famille.

« Chez nous l'échelle des valeurs est renversée : « on n'y juge pas les choses du point de vue humain, « mais du point de vue surnaturel, lequel n'est pas « affaire des hommes, même parfaits chrétiens, mais « affaire du Bon Dieu, aussi lui en laissons-nous le « soin ; mais nous avons tous une secrète joie à penser « qu'en fin de compte le plus petit d'entre nous aux « yeux de l'homme charnel, celui qui a peut-être le « plus de peine pour écrire ses deux pages de messages, « celui-là est sans doute, aux yeux du Bon Dieu, « l'ami qui apporte davantage au trésor des communs « mérites.

« Que cette pensée tout à fait conforme à l'esprit « de votre Union, mes chers amis, vous incite à l'aimer « davantage ; restons unis en vue « d'utiliser la dure « épreuve pour avancer dans l'amour de Notre-« Seigneur. comme nous le récitons chaque matin dans « notre prière « commune »... A Dieu.

« Votre aumônier. »

Ces extraits de messages pourront donner une idée assez exacte de ce qu'est l'U. C. M.

Voici encore quelques traits qui achèveront de compléter sa physionomie.

Peyrot avait été un partisan trop convaincu des cercles d'études pour que l'idée ne fût pas venue à ses successeurs d'adapter cette formule à l'U. C. M. Trois cahiers de cercles d'études circulent, où des membres, qui font par ailleurs partie d'autres groupes, échangent leurs idées sur des sujets donnés, qu'ils proposent chacun à tour de rôle.

Enfin le développement de l'Union a décidé la Présidente a se décharger un peu du travail accablant, qui lui incombait en créant des subdivisions, qui réunissent plusieurs groupes. Des chefs de groupe sont ainsi promus au grade de capitaines et, sans quitter la direction de leur propre groupe, s'intéressent à la vie de quelques autres et leur transmettent les circulaires qu'ils reçoivent de la Présidente.

Une bibliothèque a été constituée grâce surtout à des dons, plusieurs livres amusants, instructifs ou édifiants y sont mis à la disposition de tous les membres, qui n'ont qu'à les demander à la bibliothécaire. Les livres circulent naturellement par la poste.

Le lien entre tous les malades de l'U. C. M. est assuré par une petite revue bimestrielle le *Trait d'Union*, qui en plus des nouvelles des groupes, souvent aussi, hélas ! des annonces de décès, contient quelques petits articles fort intéressants spécialement pour des malades catholiques.

Car cette idée de la religion est le véritable lien qui unit tous les membres de l'U. C. M. Beaucoup de prêtres en font d'ailleurs partie ; on les a répartis dans les groupes pour qu'ils y servent d'aumôniers. Sans prendre la place du chef, ils peuvent donner des conseils, que tout le monde, même les chefs sont bien heureux de recevoir. De plus un aumônier général donne les secours religieux à toute l'Union ; il est question de les réunir aussi dans des cahiers spéciaux.

L'union de prières est l'expression la plus sensible de l'affection qui unit entre eux les membres de l'U. C. M. qui a été consacrée au Sacré-Cœur. Sans se laisser enfermer dans les cadres d'une trop étroite dévotion, dont les pratiques sont souvent d'ailleurs interdites à des malades, on continue à y respecter les quelques conseils que Peyrot avait donné à ses amis, de prier spécialement pour l'Union le 18 du mois, jour anniversaire de la mort du premier unioniste, d'implorer sainte Thérèse de l'Enfant-Jésus. C'est elle en effet qui a été choisie comme patronne de l'U. C. M. Dès les débuts, Peyrot avait eu le désir de mettre l'Œuvre sous la protection d'un Saint et il avait consulté ses amis à ce sujet. La plupart des suffrages s'étaient exprimés en faveur de la petite carmélite de Lisieux, qui était morte tout récemment et dont la sublime pureté commençait déjà à gagner tous les cœurs. Mais la petite sœur n'était pas encore canonisée ; alors Peyrot avait adopté cette sage solution de demander à tous ses amis de prier spécialement pour cette canonisation. Ce conseil fut assurément suivi et il fut sans doute imité dans beaucoup d'autres cas, puisque l'Eglise consacra la sainteté de la jeune carmélite presque aussi vite qu'elle l'avait fait au Moyen Age pour un Saint aussi authentique, mais assurément plus connu dans le monde, le Roi Louis IX.

Louis Peyrot avait voulu faire profiter les malades non seulement des avantàges que leur vaut leur intimité, mais encore des bienfaits que peut apporter avec elle une participation plus complète à la vie surnaturelle. C'est ce que s'efforcent de faire ses successeurs, élever toujours plus haut l'esprit des malades et leur faire connaître pendant leur vie souffrante la paix et la félicité qui est le partage des élus[1].

1. Pour tout renseignement sur l'œuvre, s'adresser à : Mlle Teilhard de Chardin, Sarcenat (Puy-de-Dôme), ou à Mlle Givelet, 7, rue du Cloître, à Reims.

TABLE DES MATIÈRES

Pages

CHAPITRE PREMIER. — Les années d'enfance et d'études 9

CHAPITRE II. — Leysin 25

CHAPITRE III. — Cambo 70

CHAPITRE IV. — Louis Peyrot et la maladie. Les Coccinelles 95

CHAPITRE V. — La création de l'Union Catholique de malades 122

CHAPITRE VI. — L'U. C. M. depuis la mort de Louis Peyrot 152

Bourges. — Imprimerie A. TARDY, 15, Rue Joyeuse

www.ingramcontent.com/pod-product-compliance
Ingram Content Group UK Ltd.
Pitfield, Milton Keynes, MK11 3LW, UK
UKHW021138260726
13994UKWH00001B/197

9 782329 508368